초등 문해력
향상 프로그램
어휘편

어휘가 보여야
문해력이 자란다

문해력 잡는
초등 어휘력

C-5 단계

· 초등 5~6학년 ·

초등교과서에 나오는 과목별 학습개념어 총망라
★ 문해력 183문제 수록! ★

아울북

문해력의 기본,
왜 초등 어휘력일까?

21세기 교육의 핵심은 문해력입니다. 국어 사전에 따르면, 문해력은 '문자로 된 기록을 읽고 거기 담긴 정보를 이해하는 능력'입니다. 여기에 더해 글을 비판적으로 읽고 자신만의 관점을 가지는 것 역시 문해력이지요. 그러기 위해서는 문장을 이루고 있는 어휘의 뜻을 정확히 알고, 해당 어휘가 글 속에서 어떤 역할을 하고 있는지 깨닫는 과정이 필요합니다.

초등학교 3~4학년 시절 아이들이 배우고 쓰는 어휘량은 7,000~10,000자 정도로 급격하게 늘어납니다. 그중 상당수가 한자어입니다. 그렇기에 학년이 올라가면서 교과서와 참고서, 권장 도서 들을 받아드는 아이들은 혼란스러워 합니다. 해는 태양으로, 바다는 해양으로, 세모는 삼각형으로, 셈은 연산으로 쓰는 경우가 부쩍 늘어납니다. 땅을 지형, 지층, 지상, 지면, 시각처럼 세세하게 나뉜 한자어들로 설명합니다. 분포나 소통, 생태처럼 알 듯 모를 듯한 어려운 단어들이 불쑥불쑥 등장하기 시작합니다.

우리말이니까 그냥 언젠가 이해할 수 있겠지 하며 무시하고 넘어갈 수는 없습니다. 초등학교 시절의 어휘력은 성인까지 이어지니까요. 10살 정도에 '상상하다'나 '귀중하다'와 같이 한자에서 유래한 기본적인 어휘의 습득이 마무리된다는 연구 결과를 내놓은 학자도 있습니다. 반대로 무작정 단어 뜻을 인터넷에서 검색하고 영어 단어를 외우듯이 달달 외우면 해결될까요? 당장 눈에 보이는 단어 뜻은 알 수 있지만 다른 문장, 다른 글 속에 등장한 비슷한 단어의 뜻을 유추하는 능력은 길러지지 않습니다. 문해력의 기초가 제대로 다져지지 않는다는 의미입니다.

결국 자신이 정확하게 알고 있는 단어를 통해 새로운 단어의 뜻을 짐작하며 어휘력을 확장시켜 가는 게 가장 좋습니다. 어휘력이 늘어나면 교과 개념을 정확하게 이해하고, 학습 내용도 빠르게 습득할 수 있지요. 선생님의 가르침이나 교과서 속 내용이 무슨 뜻인지 금방 알 수 있으니까요. 이 힘이 바로 문해력이 됩니다. 〈문해력 잡는 초등 어휘력〉은 어휘력 확장을 통해 문해력을 키우는 과정을 돕는 책입니다.

정춘수 기획위원

문해력 잡는 단계별 어휘 구성

〈문해력 잡는 초등 어휘력〉은 사용 빈도수가 높은 기본 어휘(씨글자)240개와 학습도구어와 교과내용어를 포함한 확장 어휘(씨낱말) 260개로 우리말 낱말 속에 담긴 단어의 다양한 뜻을 익히고 이를 통해 문해력을 키우는 프로그램입니다. 한자의 음과 뜻을 공유하는 낱말끼리 어휘 블록으로 엮어서 한자를 모르는 아이도 직관적으로 그 관계를 파악할 수 있습니다. 초등 기본 어휘와 어휘 관계, 학습도구어, 교과내용어 12,000개를 예비 단계부터 D단계까지 전 24단계로 구성해 미취학 아동부터 중학생까지 수준별 학습이 가능합니다. 어휘의 어원에 따라 자유롭게 어휘를 확장하며 다양한 문장을 구사하는 능력을 기르는 동안 문장 사이의 뜻을 파악하는 문해력은 자연스럽게 성장합니다.

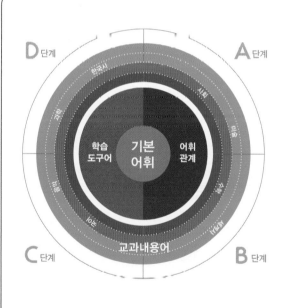

기본 어휘
초등 교과서 내 사용 빈도수가 높고, 일상적인 언어 활동에서 기본이 되는 어휘

어휘 관계
유의어, 반의어, 동음이의어, 도치어, 상하위어 등 어휘 사이의 관계

학습도구어
학습 개념을 이해하고 논리적으로 설명하는 과정에 쓰이는 도구 어휘

교과내용어
국어, 수학, 사회, 과학, 한국사, 예체능 등 각 교과별 학습 내용을 정확히 이해하는 데 필요한 개념 어휘

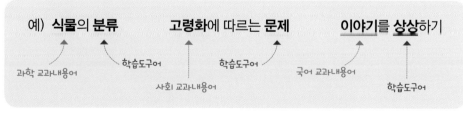

어휘력부터 문해력까지, 한 권으로 잡기

기본 어휘

하나의 씨글자를 중심으로
어휘를 확장해요.

씨낱말 | 학습도구어

확장 어휘 - 학습도구어

둘 이상의 어휘 블록을
연결하여 씨낱말을 찾고
어휘를 확장해요.

씨낱말 | 교과내용어

확장 어휘 - 교과내용어

둘 이상의 어휘 블록을
연결하여 씨낱말을 찾고
어휘를 확장해요.

어휘 퍼즐

어휘 퍼즐

어휘 퍼즐을 풀며 익힌 어휘를
다시 한번 학습해요.

종합 문제

종합 문제

종합 문제를 풀며
어휘를 조합해 문장으로
넓히는 힘을 길러요.

문해력 문제

문해력 문제

여러 어휘로 이루어진 문장의 의미를
파악하고 글의 맥락을 읽어 내는
문해력을 키워요.

1장

어 휘 퍼 즐 **72**

씨글자 · **기본 어휘**

나만의 성격, 나만의 개성

性 성질 성

성깔은 날카롭고 매서운 성질을 말해요. 여기서 성(性)은 '성질'이나 '마음'을 뜻하죠. 성질(性質)은 마음의 본래 바탕이에요. 성질이 나다라고 하면 못마땅한 것이 있어 화가 난다는 뜻이지요. 물질의 성질이나 화학적 성질과 같이 쓰이면 사물이나 현상이 가지고 있는 고유의 특성을 가리킨답니다.

그럼 다음 빈칸을 채우며 다양한 성질을 알아볼까요?

사람이 본래 가지고 있는 성질은 본☐인데,

이것이 개개인마다 다르니까 개☐이라는 것이 생기는 거예요.

개성이 뚜렷하면 눈에 확 튀겠지요.

개성이 어떤 일에 딱 들어맞으면 그것을 적☐이라고 하죠.

적성에 맞는 직업을 얻는다면 정말 신나게 일하겠죠?

완성된 낱말은 본성, 개성, 적성이에요. 다 맞혔나요?

어떤 사람이나 일정한 사물에만 있는 특수한 성질은 특성(特性), 또는 속성이라고 해요.

특성이나 속성이 반복되면 '습성'이 생기지요.

습성은 습관이 되어 버린 성질이나 행동을 말해요. 습성은 같은 종류의 동물 무리의 공통된 생활 양식을 뜻하기도 해요.

性 성질, 마음 성

- **성(性)깔**
날카롭고 매서운 성질
- **성질(性質** 바탕 질**)**
마음의 본래 바탕
- **성질(性質)이 나다**
못마땅한 것이 있어 화가 나다
- **본성(本** 본래 본 **性)**
본래 가지고 있는 성질
- **개성(個** 개인 개 **性)**
개인마다 다른 성질
- **적성(適** 적당할 적 **性)**
어떤 일에 딱 들어맞는 성질
- **특성(特** 특수할 특 **性)**
= **속성(屬** 붙을 속 **性)**
특수한 성질
- **습성(習** 습관 습 **性)**
습관이 되어 버린 성질이나 행동

6

타고나는 성질도 있지만, 살아가면서 얻어지는 성질도 있어요.

살아가면서 얻어진 측면을 강조하는 말은 무엇일까요? (   )

① 성질   ② 성격   ③ 천성   ④ 성품

좀 어렵죠? 정답은 ④번 성품이에요. 성품(性品)은 사람의 됨됨이를 뜻하는 말이에요. 도덕적인 면을 포함한 말이지요.

성격은 개인의 본성과 성품을 말해요. 타고난 측면과 태어난 후에 얻어진 측면을 모두 아우르는 말이지요.

이 말은 성격이 쾌활하다거나 모가 난 성격이라는 식으로 폭넓게 두

루 쓸 수 있어요. 그런데 성격과 바꾸어 쓸 수 있는 말은 뭘까요?

맞아요. 성미예요. 성미는 타고난 성질에 취미까지 덧붙여진 것을 말해요.

그럼 여기서 문제! '음식에 대하여 좋아하거나 싫어하는 성미'를 뜻하는 말은 무엇일까요? (   )

① 식성   ② 성급   ③ 성능   ④ 실성

맞아요. 정답은 ①번, 식성이에요. 흔히 '식성이 좋다', '식성이 까다롭다' 등으로 말하지요.

성급은 성질이 급한 것을 말해요. 찬찬히 살펴보지 않고, 섣불리 판단을 내리면 성급하게 판단한다고 말하지요.

성능은 어떤 물건이 지닌 성질과 기능을 말해요. 특히 기계는 성능이 생명이죠. 실성은 정신에 이상이 생겨 본래의 성질이나 정신을 잃어버렸다는 뜻이고요.

性 성질, 마음 성

성품(性 品격품)
사람의 성질과 품격 / 됨됨이

🔔 **성품과 비슷한 말**
품성(品性), 인품(人品),
인성(人性)

🔔 **천성**
천성(天하늘 천 性)은 하늘이 내려 준 성품이나 성질을 뜻해요. 타고난 것을 강조하는 말이죠. '본성'과 비슷하게 쓰여요.

성격(性 格성품 격)
본성과 성품

성미(性 味취미 미)
타고난 성질과 취미

식성(食 먹을식 性성미 성)
먹는 것에 대한 성미

🔔 풀 종류만 먹는 식성은 초식성(草풀초 食性), 고기 종류만 먹는 식성은 육식성(肉고기육 食性), 풀과 고기를 섞어 아무 거나 먹는 식성은 잡식성(雜섞일집 食性)이라고 해요.

성급(性 急급할 급)
성질이 급함

성능(性 能기능 능)
성질과 기능

실성(失잃을 실 性)
본래의 성질을 잃어버림 / 돌거나 미침

남녀 또는 암수의 구별은 성별(性別)이라
고 해요. 성별에 따라 동물은 수컷과
암컷, 사람은 남성과 여성으로 나뉘지요.
방금 태어난 아기의 성별은 성기의 모양으로
알 수 있어요. 성기(性器)란 생식 기관,
즉 아기를 만드는 기관을 말해요.
남녀의 성기는 태어날 때부터 모양이
다르잖아요. 이것이 1차 성징이에요.

굳이
확인하지 않아도
남자애가 맞군

성징은 남녀를 구분 짓는 성적인 특징이에요. 사춘기에는 성호르몬
이 많아져요. 성호르몬은 남자는 남자답게 여자는 여자답게 만들어
주는 물질이에요. 성호르몬으로 인해 성기 이외의 신체 모든 곳에
남녀의 차이가 뚜렷해지는데, 이것을 2차 성징이라고 하지요.

성별이 다른 사람을 무엇이라고 부를까요? (　　)
① 남성　　　② 여성　　　③ 이성　　　④ 중성

정답은 ③번, 이성이에요. 남성에게는 여성, 여성에게는 남성이 이
성이에요. 이성의 반대말은 동성이고요.
성(性)은 남녀를 구분 짓는 동시에, 종족 보존을 위한 남녀 간의 육
체적 관계나 그에 관련된 일을 뜻하는 말이에요.

상대방의 허락 없이 강제로 성과 관련된 폭력을 가해서 신체 적, 정신적인 피해를 입히는 것을 무엇이라고 할까요? (　　)
① 학교 폭력　　② 가정 폭력　　③ 조직 폭력　　④ 성폭력

정답은 ④번, 성(性)폭력이에요. 다른 사람의 몸을 만지거나 수치
심을 불러일으키는 행동을 하는 것은 성추행이라고 하고요. 성추행
의 추(醜)는 술 먹은 귀신이라는 뜻이니, 어떤 행동인지 알겠죠?

性　성별 성

▶ 성별(性 別다를 별)
성의 구별
▶ 남성(男 사내 남 性)
성별이 사내인 사람
▶ 여성(女 여자 여 性)
성별이 여자인 사람
▶ 성징(性 徵특징 징)
남녀를 구분 짓는 성적인 특징
▶ 성(性)호르몬
남자는 남자답게 여자는 여자
답게 만들어 주는 몸속의 물질
▶ 이성(異 다를 이 性)
다른 성별의 사람
▶ 동성(同 같을 동 性)
같은 성별의 사람

性　아기 낳을 성

▶ 성기(性 器기관 기)
아기 낳는 일에 관여하는 기관
/ 생식 기관
▶ 성(性)폭력
성과 관련된 폭력
▶ 성(性)추행
다른 사람 몸의 일부를 만지거
나 수치심을 불러일으키는 행
동을 하는 것

성(性)은 낱말의 끝에 붙어, 뜻을 덧붙이는 말로도 쓰여요.

헉… 나보다 유연하네. 형님!

오징어 같은 연체동물의 부드럽고 연한 성질을 유연성이라고 해요. 유연하면 다양한 모양이 나와요. 다양성은 모양이 여러 가지로 많은 특성이지요.

성(性)은 이렇게 '특성'이나 '모습'을 뜻하거든요.

유행성은 일시적으로 널리 퍼지는 성질을 말해요. 자주성은 스스로 주인이 되어 제힘으로 처리해 가는 성질을 뜻하고요.

그런데 유행성과 유연성, 참신성, 다양성의 '성'은 쓰지 않아도 돼요. '유연성이 있다'는 그냥 '유연하다'라고 써도 되거든요. 이쪽이 더 쉽고 간단하지요?

성(性)은 '~의 정도'를 나타내기도 해요. 생산성은 생산해 내는 정도라는 뜻으로 생산량과 비슷한 말이에요. 생산성을 높이자는 말은 같은 노력을 기울였을 때 생산해 내는 양, 즉 생산량을 늘리자는 말이지요. 그럼 안전성은 무슨 뜻일까요? 안전한 정도를 말해요.

안전성이 떨어지는 장난감이네.

性 특성 성

- **유연성**
  (柔부드러울 유 軟연할 연 性)
  부드럽고 연한 특성
- **다양성**
  (多많을 다 樣모양 양 性)
  모양이 여러 가지인 특성
- **유행성**(流흐를 유 行갈 행 性)
  일시적으로 널리 퍼지는 특성
- **자주성**(自스스로 자 主주인 주 性)
  스스로 주인이 되어 제힘으로 처리해 가는 성질

性 정도 성

- **생산성**(性)
  생산해 내는 정도
- **안전성**(性)
  안전한 정도

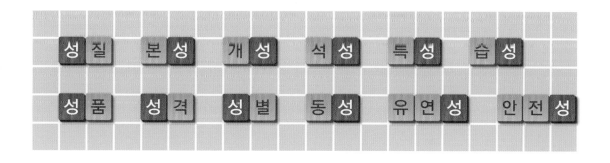

성질 본성 개성 석성 특성 습성
성품 성격 성별 동성 유연성 안전성

性
성질 성

성깔

성질

성질이 나다

본성

개성

적성

특성

소성

습성

성품

품성

인품

인성

천성

성격

성미

식성

초식성

육식성

잡식성

① 공통으로 들어갈 한자를 쓰세요.

깔

품 — 유 연 — 性 — 안 전 — 본 — 남

격 — 성질 성 — 동

② 어떤 낱말에 대한 설명인지 쓰세요.

1) 마음의 본래 바탕 → ☐☐

2) 특수한 성질 → ☐☐

3) 성질이 급함 → ☐☐

4) 남녀를 구분 짓는 성적인 특징 → ☐☐

5) 모양이 여러 가지인 특성 → ☐☐☐

③ 알맞은 낱말을 찾아 문장을 완성하세요.

1) 나는 그분의 강직한 됨됨이인 ☐☐ 을 본받고 싶어.

2) ☐☐ 한 결정이 화를 부를 수 있으니 충분히 논의해야 합니다.

3) 이성보다 ☐☐ 친구들에겐 솔직하게 마음을 털어놓을 수 있어.

4) ☐☐☐ 독감에 걸리지 않도록 예방 주사를 맞으세요.

5) 몸의 ☐☐☐ 을 키우기 위해 스트레칭을 꾸준히 했어.

4 문장에 어울리는 낱말을 골라 ○표 하세요.

1) 이 장난감은 (안전성 / 유연성) 검사를 통과한 제품입니다.

2) 너는 문어도 아닌데 어쩌면 그렇게 (유연성 / 자립성)이 뛰어나니?

3) 올해는 제품 (자주성 / 생산성)을 20% 높여서 회사의 이익을 늘리겠습니다.

4) 채윤이는 스스로 일을 처리하는 (안전성 / 자주성)이 강한 어린이입니다.

5) 미소는 수영장에서 (유행성 / 생산성) 눈병에 걸렸습니다.

5 설명과 어울리는 낱말을 연결하세요.

1) 습관이 되어 버린 성질이나 행동 •   • 식성

2) 먹는 것에 대한 성미 •   • 습성

3) 다른 사람과 구별되는 개개인의 성질 •   • 개성

6 빈칸에 들어갈 알맞은 낱말을 쓰세요.

1) 재영 : 그 아저씨는 스크루지 영감처럼 ☐☐이 고약하대.
  수정 : 아니야, 아저씨랑 말씀을 나누어 봤는데 친절하시던걸.

2) 민호 : 웬일이야? 이렇게 열심히 하는 거 처음 본다.
  뭉치 : 이 일은 내 ☐☐에 딱 맞아.

3) 호랑이 : 슬슬 나의 ☐☐을 드러내 볼까?
  토끼 : 헉! 호랑이였어요? 제발, 살려 주세요.

4) 엄마 : 아이고, ☐☐한 사람처럼 행색이 말이 아니구나.
  만호 : 방금까지 베개 싸움하고 놀았거든요.

| 성급 |
| 성능 |
| 실성 |
| 성별 |
| 남성 |
| 여성 |
| 성징 |
| 성호르몬 |
| 이성 |
| 동성 |
| 성기 |
| 성폭력 |
| 성추행 |
| 유연성 |
| 다양성 |
| 유행성 |
| 자주성 |
| 생산성 |
| 안전성 |

자, 내가 시범을 보여 주지!

저러! 수파 대신 친구 얼굴을 찼으니 '시범'을 보이지 못한 거네요.
시범(示範)이란 여러 사람 앞에서 모범을 보이는 것을 말해요.
시범 학교, 시범 사업과 같이 어떤 중요한 일을 시행하거나 정식으로 채택하기에 앞서 본보기로 해 보이는 것도 '시범'이라고 해요.
이처럼 시(示)는 '보이다'라는 뜻이 있어요.

오른쪽 그림은 촛불 □□를 하는 모습이에요. 빈칸에 들어갈 말은 무엇일까요? (　　)

① 전시　　② 시위
③ 제시　　④ 표시

맞아요. 답은 ②번이에요. 시위란 위력이나 기세를 드러내 보이는 것이에요. 특정한 요구 사항이 받아들여지도록 많은 수의 사람이 하는 집단행동이지요. 시위를 하는 무리는 시위대라고 해요.
그러면 무리 짓지 않고 혼자 하는 시위는 없는 건가요? 있어요.
혼자 하는 시위를 1인 시위라고 하지요.

示　보일 시

■ **시범**(示 보일 시 範모범 범)
모범을 보임

■ **시위**(示 威위세 위)
위력이나 기세를 보임

■ **시위대**(示威 隊무리 대)
시위를 하는 무리

🔔 **데모**
'데모'는 영어 데몬스트레이션 (demonstration)의 준말이에요. '시위'와 같은 뜻이지요.

■ **1인 시위**(示威)
혼자 하는 시위

🔔 **가두시위**
가두시위(街거리 가 頭머리 두 示威)는 거리에서 벌이는 시위를 말해요.

다음 중 '과시'하기에 적절하지 <u>못한</u> 것은 무엇일까요? (   )

① 인기   ② 우정   ③ 몸매   ④ 무식

정답은 ④번 무식이겠죠?

과시(誇示)는 자랑하여 보이는 걸 말해요. '무식'은 자랑할만한 것이 못되니까 과시할 수 없어요!

정말 문 안 열 거야? 엄마 힘들어 죽겠다!

아, 글쎄 우리 엄마라는 증거를 **제시**하라니까요.

제시는 의견을 글이나 말로 나타내거나 물건 등을 내어 보이는 것이에요. 의견 제시, 신분증 제시, 증거물 제시와 같이 쓰이지요.

표시는 제시와 뜻은 비슷해도 쓰임새가 달라요.

제시는 상대방이 볼 수 있도록 보여 주는 것이고, 표시는 그냥 드러내는 것이에요. 발신자 번호 표시 서비스나 의사 표시와 같은 말처럼 쓰이지요.

예를 들어 설명하면 이해하기가 쉽겠죠?

이해하기 어려운 것을 예로 들어 보여 주는 것을 예시라고 해요.

게시는 걸어 놓고 보인다는 뜻이에요.

게시하는 곳은 게시판, 게시판에 걸어 놓은 그림이나 글은 게시물이죠. 학교나 아파트 게시판에 게시물들을 걸어 두잖아요.

여러 가지를 한곳에 펼쳐 놓고 보이는 것은 전시(展示)예요.

전시회를 하는 곳은 전시회장, 전시된 물건은 전시물이죠.

示　보일 시

- **과시**(誇자랑할과 示)
  자랑하여 보임
- **제시**(提들제 示)
  의견이나 물건을 내어 보임
- **표시**(表나타낼표 示)
  겉으로 나타내어 보임
- **예시**(例예예 示)
  예를 들어 보임
- **게시**(揭걸게 示)
  걸어 놓고 보임
- **게시판**(揭示 板판판)
  게시하는 곳
- **게시물**(揭示 物물건물)
  게시판에 걸어 놓은 그림이나 글

🔔 **인터넷 게시판**
학교나 교실의 게시판은 게시물을 걸어 놓을 수 있는 넓은 판으로 생겼지요? 인터넷에서 글과 그림 등을 여러 사람에게 보이는 공간도 같은 역할을 하기 때문에 게시판이라고 불러요.

- **전시**(展펼칠전 示)
  여러 가지를 한곳에 펼쳐 놓고 보임
- **전시회장**
  (展示 會보임회 場마당장)
  전시회를 하는 곳
- **전시물**(展示物)
  전시된 물건

- **암시**(暗몰래 암 示)
  어떤 일을 몰래, 넌지시 알림
- **자기 암시**(自스스로 자 己자기 기 暗 示)
  스스로에게 반복하여 암시하는 일
- **명시**(明분명할 명 示)
  분명히 드러내 알림
- **시사**(示 唆부추길 사)
  미리 알리고 부추김
- **지시**(指가리킬 지 示)
  무엇을 하라고 일러서 시킴 / 어떤 대상을 가리켜 알림
- **방향 지시등**(指示 燈등불 등)
  방향을 가리켜 알려 주는 등불

암(暗)은 원래 '어둡다'라는 뜻인데 '몰래'라는 뜻으로도 쓰여요.
그래서 암시(暗示)는 몰래, 넌지시 알린다는 뜻이에요.
스스로에게 반복하여 암시하다 보면, 생각대로 되는 경우도 있어요. 그걸 자기 암시라고 하지요.
이렇게 시(示)는 '알리다'는 뜻도 가지고 있어요. 보여 주는 것은 알려 주는 것과 마찬가지니까요.

> 그렇다면 '암시'의 반대말은 무엇일까요? (   )
>
> ① 지시   ② 묵시   ③ 명시   ④ 시사

정답은 ③번이에요. 명시란 분명히 드러내 알린다는 뜻이에요.
물건에 가격이 명시되어 있으면 살 때 가격 비교하기가 편리하지요.
'선생님은 이번 시험이 어려울 수도 있음을 시사했다.'와 같이 미리
알리고 부추기는 것은 시사라고 해요.
그러니까 시사는 앞으로 일어날 가능성이 높은 것에
대해 간접적으로 살짝 알려 주는 것을 말해요.
운동 경기에서 감독의 작전 지시는 승패에 큰 영향을
미치지요. 지시란 무엇을 하라고 일러서 시키는 것을
말해요. 또 어떤 대상을 가리켜 알리는 것도 지시예
요. 자동차의 '깜빡이'는 방향 지시등이라고 하거든
요. 방향을 가리켜 알려 주니까요.

示 **알게 할 시**

계시(啓깨우칠 계 示)
사람의 지혜로 알 수 없는 일을
깨우쳐 알게 함

훈시(訓가르칠 훈 示)
윗사람이 아랫사람에게 가르쳐
알게 함

교시(敎종교 교 示)
종교적인 내용을 가르쳐 알게 함

🔔 교주

교주(敎 主주인 주)는 종교 단
체의 우두머리나 종교를 창시
한 사람을 말하지요.

설마 그런 계시가 있으려고요? 하하하. 한약 먹기가 정말 싫었나
봐요. 계시는 사람의 지혜로 알지 못하는 신비로운 일을 신이 깨우
쳐 알게 하는 것을 말해요. 신의 계시라는 말로 많이 쓰이지요.
반면에 훈시는 윗사람이 아랫사람을 가르쳐 알게 하는 거예요.
부모님이나 선생님은 나에게 훈시할 수 있지만, 동생은 나보다 아
랫사람이기 때문에 나에게 훈시를 할 수 없어요.
이렇게 시(示)에는 '알게 하다'라는 뜻도 있어요.
한편, 교주님의 교시와 같이 종교적인 가르침이나 길잡이가
될 만한 가르침을 교시(敎示)라고 해요.

계시, 훈시, 교시를 구분하여 다음 빈칸을 채워 볼까요?
신이 인간에게 내리는 것은 ☐☐,
높은 사람이 아랫사람에게 하는 것은 ☐☐,
종교적인 가르침을 내리는 것은 ☐☐예요.
답은 순서대로 계시, 훈시, 교시이지요.

시범 시위 과시 제시 표시 게시
전시 암시 명시 시사 지시 교시

示
보일 시

시범

시위

시위대

데모

1인 시위

가두시위

과시

제시

표시

예시

게시

게시판

게시물

인터넷 게시판

① 공통으로 들어갈 한자를 따라 쓰세요.

범 / 위 — 게 판 — 示 — 가 두 위 — 제 / 게 / 계

보일 시

② 어떤 낱말에 대한 설명인지 쓰세요.

1) 모범을 보임 ➡ ☐☐

2) 자랑하여 보임 ➡ ☐☐

3) 스스로에게 반복하여 암시하는 일 ➡ ☐☐☐☐

4) 미리 알리고 부추김 ➡ ☐☐

5) 종교적인 내용을 가르쳐 알게 함 ➡ ☐☐

③ 알맞은 낱말을 찾아 문장을 완성하세요.

1) 지금부터 어린이들의 태권도 ☐☐ 이 있겠습니다.

2) 촛불 ☐☐ 는 한국의 대표적인 평화 ☐☐ 문화로 정착했다.

3) 내 작품이 ☐☐ 회장 입구에 걸려서 정말 기뻐.

4) 그녀는 무대에 올라 그동안 갈고닦은 실력을 ☐☐ 했다.

5) 내가 반장이 될 것 같은 신의 ☐☐ 를 받았어!

4 문장에 어울리는 낱말을 골라 ○표 하세요.

1) 감독님의 적절한 작전 (지시 / 제시)가 없었더라면 우리는 졌을 거야.

2) 합격자 명단을 학교 (게시물 / 게시판)에 붙여 놓았으니 확인하시기 바랍니다.

3) 학생이라는 것을 증명하기 위해 신분증을 (과시 / 제시)했다.

4) 여행을 다녀오면서 성의 (교시 / 표시)로 사온 기념품이에요.

5) 영수증에는 교환이 가능한 날짜가 (암시 / 명시)되어 있습니다.

5 다음 중 문장에 쓰인 낱말이 <u>어색한</u> 것을 고르세요. (   )

① 동생은 불만이 있는지 밥도 안 먹고 <u>시위</u> 중이야.

② 보증서에 <u>명시</u>된 대로 구입 후 1년간은 무상 수리 아닌가요?

③ 교장 선생님의 <u>계시</u> 말씀은 언제나 너무 긴 것 같아.

④ 담당 공무원은 초등학교 방학이 일주일 정도 길어질 가능성을 <u>시사</u>했습니다.

6 다음 중 연결된 낱말이 어울리지 <u>않는</u> 것을 모두 고르세요. (   )

① 민세
② 의사
③ 증거물
④ 자기
⑤ 작전
⑥ 발신자 번호

과시
제시
지시
표시
암시
시위

전시

전시회장

전시물

암시

자기 암시

명시

시사

지시

방향 지시등

계시

훈시

교시

교주

이동 경로를 찾아라!

經
지날 경

이 동물의 이동 **경로**를 따라가 볼까?

나에게 볼 일 있수?

지나가는 길, 일이 시행되는 순서는 경로(經路)라고 해요.
이동 경로라고 하면 이동하며 지나간 길을 말해요. 여기서 경(經)
은 '지나다'는 뜻이에요. 빈칸을 채우면서 함께 읽어 볼까요?
시간이나 일이 지나가는 것은 ☐과,
어떤 곳을 거쳐서 지나가는 것은 ☐유라고 해요.

지구를 세로로 지나가며 북극과 남극을 잇는 선은 무엇인가 요? ( )
① 경선   ② 경도   ③ 위선   ④ 위도

정답은 ①번, 경선이에요. '경'은 옷감을 짤 때 세로로 내려오는 실
인 날줄을 나타내는 말이에요. 가로를 지나는 줄은 '씨줄'이고요.
지구 위에는 수많은 경선이 있어요. 경도는 기준이 되는 경선으로부
터 떨어져 있는 정도를 말하지요. '경도'는 '위도'와 함께 지구상의
위치를 나타낼 때 써요.
지구를 가로로 지나 동서를 잇는 선은 위선이에요, 기준이 되는 위선
(적도)으로부터 떨어져 있는 정도가 위도거든요.

經   지날 경

■ **경로**(經 路길로)
지나는 길 / 일이 진행되는 순서

■ **경과**(經 過지날 과)
시간이나 일이 지나감

■ **경유**(經 由거칠 유)
어떤 곳을 거쳐 지나감

經   세로 경

■ **경선**(經 線선 선)
지구의 남북을 잇는 세로선

■ **경도**(輕 度정도 도)
기준이 되는 경선으로부터 떨
어져 있는 정도

■ **위선**(緯씨줄 위 線)
지구의 동서를 잇는 가로선

■ **위도**(緯 度)
기준이 되는 위선으로부터 떨
어져 있는 정도

그럼 씨줄과 날줄을 합쳐 부르는 말은 무엇일까요? (   )

① 날씨   ② 신경   ③ 체크   ④ 경위

정답은 ④번이에요. 경위는 경선과 위선을 함께 이르는 말로, '일이 이루어지는 전체 과정'을 뜻하기도 해요. '일의 경위가 어떠하다'라는 식으로 써요.

신경은 과학 용어로 몸속 여러 신호가 지나는 길을 말해요. 이 길이 망가지는 것을 신경 마비라고 해요. 그리고 전체 신경 기관을 통틀어 신경계라고 하고요.

아, 최고의 선수가 화려한 **경력**에 오점을 남기고 마는군요.

경력은 겪어 온 여러 가지 일을 말해요. 개인적인 경험이 아니라, 어떤 직업이나 지위에 있었는지를 말해 주지요. 지금은 회사원이지만 이전에 가수를 했다면 가수 경력이 있는 거예요.
여기서 경(經)은 '경험하다', '겪다'라는 뜻으로 쓰였어요.
경험은 자신이 직접 해 보거나 겪어 본 것을 말하잖아요.

그럼 다음 빈칸에 가장 알맞은 말은 무엇일까요? (   )
"그의 말은 모두 오래 인생 □□에서 우러나온 것이나."

① 경험   ② 경력   ③ 경륜   ④ 경쟁

다른 것도 답이 될 수 있겠지만, 가장 좋은 답은 ③번이에요.
경륜은 일을 다스린다는 뜻이에요. 오랜 경험이 쌓여 신뢰하고 일을 맡길 수 있는 상태에 이르렀을 때 쓰는 말이지요.

經 지날 경

■ **경위**(經 緯가로 위)
씨줄과 날줄 / 경선과 위선 / 일이 이루어지는 전체 과정

■ **신경**(神정신 신 經)
몸속 신호가 지나는 길

■ **신경계**(神 經 系이을 계)
신경들이 이어져 있는 전체 신경 기관

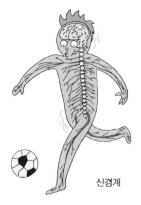

신경계

經 경험할 경

■ **경력**(經 歷지난일 력)
겪어 온 여러 가지 지난 일 / 과거의 직업이나 지위

■ **경험**(經 驗시험할 험)
자신이 직접 해 보거나 겪어 봄

■ **경륜**(經 綸다스릴 륜)
오랜 경험을 토대로 힘을 계획하고 다스림

자기 방을 경영한다는 게 무슨 뜻일까요?
자기 방을 깨끗이 관리한다는 말이겠죠.
경영은 다스리고 운영한다는 뜻이에요.
기업이나 사업, 가정을 관리하고 운영하
는 것이 모두 경영이에요.

나라를 다스리는 것도 '경영'이에요.
그래서 조선 시대 최고의 법전은 '□□대전'이라고 해요.
빈칸에 들어갈 말은 무엇일까요? (   )

① 조국   ② 영국   ③ 경국   ④ 운국

정답은 ③번이에요. 경국대전은 나라를 경영하는 데에 필요한 중대
한 법전이라는 뜻이에요. 이처럼 경(經)은 '경영하다'라는 뜻이 있
어요. 경영하는 데 드는 돈은 경비, 경영에 필요한 물자와 금전을
관리하는 업무를 맡은 부서나 사람은 경리라고 해요.
하지만 우리가 가장 흔하게 듣는 말은 바로 '경제'가 아닐까요?
경제는 경세제민(經世濟民)에서 나온 말이에요. 세상을 경영해서
백성을 구한다라는 뜻이죠. 이 말로부터 경제는 한 사회의 돈과 자
원을 살 다스리는 일을 뜻하게 되었어요. 그래서 요즘에는 생산, 유
통, 소비에 관련된 일을 통틀어 부르는 말이 되었지요.
경제 분야에서 일하는 사람은 경제□, 경제 활동을 해 나가는 데
에 필요한 힘은 경제□이에요.
빈칸에 들어갈 말은 경제인,
경제력이에요.
경제력은 개인 재산을 가리키
기도 하고, 사회 전체의 생산
능력이나 자본의 양을 가리키
기도 해요.

經 경영할 경

■ **경영**(經 營운영할 영)
다스리고 계획하여 운영함

■ **경국대전**(經 國나라 국 大중
대할 대 典법전 전)
나라를 경영하는 데 필요한 것
이 적혀 있는 중대한 법전

■ **경비**(經 費비용 비)
경영에 드는 비용

■ **경리**(經 理관리할 리)
경영에 드는 비용을 관리하는
업무를 맡은 부서나 사람

■ **경제**(經 濟구할 제)
생산, 유통, 소비에 관한 일을
통틀어 부르는 말, 경세제민의
준말

■ **경세제민**(經 世세상 세 濟 民
백성 민)
세상을 경영해 백성을 구함

■ **경제인**(經濟 人사람 인)
경제 분야에서 일하는 사람

■ **경제력**(經濟 力힘 력)
경제적인 힘

🔔 경제적
'경제에 관한'이라는 뜻도 있
고, '시간이나 노력, 비용을 적
게 들이는'이라는 뜻도 있어요.

옛 조상들은 훌륭한 스승
의 말씀이나 종교적 가르
침을 가장 중요한 도리로
삼고 살았어요.
그러한 가르침을 적은 책
이 경전(經典)이지요.
경(經)이 '경전'을 뜻하기
도 해요.

또 버리네!
□□□□이라더니.
그렇게 말을 해도
안 듣네.

설마 저런 친구들은 없겠죠? 주인 아줌마는 뭐라고 하셨을까요?
답은 '우이독경'이에요. 우이독경은 소의 귀에 대고 아무리 '경'을
읽어 주어도 알아듣지 못한다는 뜻이에요. 어떤 좋은 말을 해도 아
무 소용이 없다는 것을 비유적으로 표현한 말이에요.
사서삼경은 성인들의 가르침을 기록한 네 권의 책과 세 권의 경전을
말해요. 사서삼경은 유학의 경전이죠.
또 어떤 종교 경전이 있는지 빈칸을 채우면서 살펴볼까요?
불교의 교리를 직은 경전은 불□, 기독교의 교리를 적은 경전은
성□, 동학의 교리를 적은 경전은 동□이에요.
동학의 창시자인 최시우가 지은 동경대전은 바로 '동경'을 모아 놓
은 전집이라는 뜻이지요.
대장□은 불교의 중요한 경전들을 모두 모아 놓은 것이에요. 금속
이나 나무로 만든 판에 불경을 새긴 것은 □판, 경판에 먹물을 묻
혀 종이에 찍으면 불경이 담긴 책이 되지요.

경전(經 典책전)
= 경(經)
가르침을 적은 책

우이독경
(牛소우 耳귀이 讀읽을독 經)
소 귀에 경 읽기

사서삼경
(四넉사 書책서 三석삼 經)
성인의 가르침을 기록한 네 권
의 책과 세 권의 경전

불경(佛부처불 經)
불교의 교리를 적은 경전

성경(聖성스러울성 經)
기독교의 교리를 적은 경전

동경(東동학 농 經)
동학의 교리를 적은 경전

동경대전
(東經 大큰대 全온전전)
'동경'을 모아 놓은 큰 전집

대장경(大 藏곳간장 經)
불교의 중요한 경전을 모두 모
아 놓은 것

경판(經 板널빤지판)
나무로 만든 판에 불경을
새긴 것

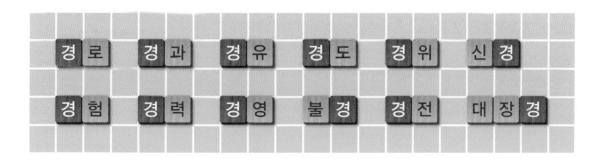

경로 | 경과 | 경유 | 경도 | 경위 | 신경
경험 | 경력 | 경영 | 불경 | 경전 | 대장경

경로

경과

경유

경선

경도

위선

위도

경위

신경

신경계

경력

경험

경륜

경영

경국대전

① 공통으로 들어갈 한자를 따라 쓰세요.

로

도 — 대 장

제

經
지날 경

국 대 전

험

륜

동

② 어떤 낱말에 대한 설명인지 쓰세요.

1) 지나는 길, 일이 진행되는 순서 ➡ ☐☐

2) 과거의 직업이나 지위 ➡ ☐☐

3) 다스리고 계획하여 운영함 ➡ ☐☐

4) 세상을 경영해 백성을 구함 ➡ ☐☐☐☐

5) 기독교의 교리를 적은 경전 ➡ ☐☐

③ 알맞은 낱말을 찾아 문장을 완성하세요.

1) 택배로 부치는 물건의 배달 ☐☐ 는 아주 복잡하다.

2) 시일이 ☐☐ 함에 따라 사건은 점점 미궁에 빠져들고 있었다.

3) 그동안의 ☐☐ 을 살려서 열심히 일해 보겠습니다.

4) 그 비행기는 일본을 ☐☐ 해서 미국까지 간다.

5) 불교의 중요한 경전을 모두 모아 놓은 것은 ☐☐☐ 이다.

4 문장에 어울리는 낱말을 골라 ○표 하세요.

1) 3월 15일 결근한 (경위 / 경선)을(를) 써서 제출해 주세요.

2) 지원하실 분들은 이력과 (경험 / 경력)을 말해 주세요.

3) 소 귀에 경을 읽는 것은 (우이독경 / 사서삼경)이야.

4) 도서관에서 빌린 책의 반납 기간이 (경유 / 경과)됐네.

5) 교장 선생님의 훈시 말씀은 오랜 (경륜 / 경력)에서 나옵니다.

5 설명과 어울리는 낱말을 연결하세요.

1) 오랜 경험을 토대로 일을 다스림 • • 경위

2) 경영에 드는 비용 • • 경선

3) 일이 만들어진 전체 과정, 날줄과 씨줄 • • 경륜

4) 지구의 남북을 잇는 세로 선 • • 경비

6 빈칸에 들어갈 알맞은 낱말을 쓰세요.

1) 지원자 : 군인, 디자이너를 거쳐 최근까지 교사로 지냈습니다.

　면접관 : 아주 다양한 □□의 소유자시군요.

2) 보호자 : 그게 그렇게 어려운 수술인가요?

　의사 : 네. 그쪽에 수많은 □□ 조직들이 모여 있거든요.

3) 선생님 : 아버지는 무슨 일을 하시니?

　학생 : 작은 기업체를 □□하고 계십니다.

경비
경리
경제
경세제민
경제인
경제력
경제적
경전
경
우이독경
사서삼경
불경
성경
동경
동경대전
대장경
경판

과거는 아름다워!

過
지날 과

할미도 □□엔 저랬는데…. 아~ 옛날이여.

과연 그랬을까?

위 그림의 빈칸에 들어갈 말은 무엇일까요? (   )

① 과거   ② 과연   ③ 방금   ④ 정말

정답은 ①번이지요. 과거(過去)는 지나간 시간, 또는 지나간 시간에 일어났던 일을 통틀어 이르는 말이에요.

이렇게 과(過)는 '시간이 지나다', '지나치다'는 뜻으로 쓰여요.

어른이 되려면 청소년기라는 과정을 거쳐야 해요. 청소년기를 '과도기'라고 해요. 과도기(過渡期)는 옛것에서 새것으로 바뀌거나 다른 상태로 옮아가는 과정에 있는 중간 시기를 말하지요.

과정은 목표를 이루기 위해 지나야 하는 길이에요.

어른이 되려면 시간이 지나야 해요. 이것을 경과(經過)라고 하죠. 시간이 지나면서 여러 가지 일을 겪는 과정도 경과라고 해요. '수술 경과가 좋다'라는 말은 수술 후에 회복하는 과정에 문제가 없다는 뜻이에요.

버섯 군이 프라이팬으로 뛰어들었답니다.

무슨 말이야? 사건 경과부터 자세히 보고해.

過	지날 과

■ **과거**(過 去갈 거)
지나간 시간 / 지나간 시간에 일어난 일

■ **과도기**(過 渡건널 도 期시기 기)
건너가는 과정에 있는 시기

■ **과정**(過 程경로 정)
목표를 이루기 위해 지나가야 하는 길

■ **경과**(經지날 경 過)
시간이 지나감 / 일이 되어 가는 과정

오른쪽 그림에서 밑줄 친 부분을 한 낱말로 바꾸면 무엇일까요? (   )

① 취객　　② 식객
③ 과객　　④ 검객

過	지나갈 과

- 과객(過客나그네 객)
지나가는 나그네
- 통과(通통할 통 過)
뚫린 곳을 거쳐서 지나감
- 여과(濾거를 여 過)
걸러서 지나감
- 투과(透스며들 투 過)
스며들어 통과함
- 초과(超지날 초 過)
정해진 기준을 지나침

정답은 ①번, 과객(過客)이에요.

여기서 과(過)는 사람이나 사물이 움직여서 지나가는 것을 뜻해요.

다음 그림을 보고 알맞은 낱말에 ○표 하세요.

호랑이가 훌라후프를
(통과 / 여과)합니다.

기름을
(통과 / 여과)합니다.

답은 왼쪽부터 순서대로 통과, 여과예요.

통과는 뻥 뚫린 곳으로 지나가는 것이고, 여과는 걸러서 지나간다는 뜻이에요.

그럼 빛이 프리즘을 통과하는 것을 무엇이라고 할까요? (   )

① 초과　　② 간과　　③ 묵과　　④ 투과

정답은 ④번, 투과예요. 빛이 비치거나 액체가 스며들면서 통과할 때는 투과라고 하거든요. 초과는 정해진 기준을 지나치는 것, 즉 한도를 뛰어넘은 것을 말해요. 엘리베이터 등에서 정해진 인원이 넘으면 '인원 초과'라고 하잖아요.

🔔 간과와 묵과

간과(看볼 간 過)는 관심 없이 대충 보고 지니키는 깃, 묵과(黙고요할 묵 過)는 잘못을 알고도 못 본 척 지나가는 것을 뜻해요. 가벼운 질병이리도 간과하면 안 되고, 나쁜 습관을 묵과해서는 안 되겠죠?

오빠, 이 안에 뭐 있어?

누르지 마. 너무 많이 먹었나 봐.

이 아이처럼 지나치게 많이 먹은 걸 무엇이라고 할까요? (   )

① 야식   ② 과식   ③ 간식

過	너무 과

■ **과식**(過 食먹을식)
너무 많이 먹음

■ **과다**(過 多많을다)
너무 많음

■ **과잉**(過 剩남을잉)
너무 많이 남음

■ **과속**(過 速빠를속)
속도를 너무 냄

■ **과보호**(過 保지킬보 護지킬호)
지나치게 보살피고 지킴

■ **과소비**(過 消쓸소 費돈비)
지니치게 소비힘

■ **과도**(過 度정도도)
보통의 정도를 지나침

■ **과열**(過 熱뜨거울열)
너무 뜨거움 / 지나치게 활기를 띰

■ **과로**(過 勞일할로)
지나치게 많이 일함

정답은 과식(過食)이에요. 과(過)는 '지나친 것'이니까 '너무'라는 뜻도 되지요.

지나치게 많은 것은 과다(過多)라고 해요. 단 음식을 과다하게 섭취하면 몸에 해로운 것 알죠?

넘치거나 너무 많이 남을 때는 과잉이라고 해요.

'과'의 뜻을 생각하면서 다음 빈칸을 채워 보세요.

속력을 지나치게 내는 것은 □속,

지나치게 보호하는 것은 □보호,

돈을 지나치게 많이 쓰는 것은 □소비라고 해요.

빈칸을 채우면 과속, 과보호, 과소비예요.

무엇이든 과도하게 하면 좋지 않겠죠? 과도는 보통의 정도를 지나쳤다는 말이죠.

오른쪽 그림을 봐요. 다들 열심히 공부해서 도서관이 펄펄 끓고 있어요. 이렇게 지나치게 뜨거운 것을 무엇이라고 할까요? (   )

① 과열   ② 예열   ③ 가열   ④ 미열

앗 뜨거!

■ **과찬**(過 讚칭찬할찬)
지나치게 칭찬함

🔔 실제보다 지나치게 높게 평가하는 것을 과대평가(過 大큰대 評평할평 價값가)라고 해요. 반대로 실제보다 지나치게 낮게 평가하는 것은 과소평가(過 小작을소 評價)라고 하지요.

맞아요, 과열이에요. 지나치게 활기를 띠고 있는 분위기를 과열되었다고 하지요. 또 기계가 지나치게 뜨거워질 때도 과열되었다고 하지요. 이제 빈칸을 채워 볼까요?

일을 지나치게 많이 하는 것은 □로,

지나치게 칭찬하는 것은 □찬이라고 해요.

이번에 완성된 말은 과로, 과찬이에요.

過 허물 과

■ **사과**(謝빌 사 過)
허물에 대하여 용서를 빎

■ **과실**(過 失잘못 실)
허물과 잘못

■ **과오**(過 誤그릇될 오)
허물과 그릇됨

■ **전과**(前앞 전 過)
이전에 저지른 잘못이나 죄

■ 전과(全科)는 초등 전 과목 참고서를 말해요.

■ **개과천선**
(改고칠 개 過 遷변할 천 善착할 선)
잘못을 고쳐서 착하게 바뀜

으음, 잘못했을 때 용서를 비는 것은 '먹는 사과'가 아니라 '비는 사과'예요. 이때 사과는 허물에 대하여 용서를 빈다는 뜻이지요. 무엇이든지 지나치면 잘못을 저지르게 되죠.

그래서 과(過)는 '허물, 잘못'이라는 뜻으로도 쓰이는 거예요.
부주의하거나 게을러서 저지른 잘못을 과실이라고 해요.
'과실'과 비슷한 말은 '과오'이지요.
과오 역시 허물과 잘못이라는 말이에요.
그럼 이전에 저지른 잘못이나 죄는 무엇이라고 할까요?
그건 전과(前過)라고 해요.

> 전과가 있는 사람이 마음을 고쳐먹는 것을 무엇이라고 할까요?
>
> (   )
>
> ① 개선장군   ② 개량 한복   ③ 개과천선   ④ 개구쟁이

정답은 ③번이에요. 개과천선은 '고칠 개(改)', '허물 과(過)', '변할 천(遷)', '착할 선(善)'으로 잘못을 고쳐서 착하게 바뀐다는 뜻이에요.

지날 과

과거

과도기

과정

경과

과객

통과

여과

투과

초과

간과

묵과

과식

과다

과잉

1 공통으로 들어갈 한자를 따라 쓰세요.

거
정 — 소 비 — 過 — 개 천 선 전 — 여
속   지날 과   전 — 전
                              사

2 어떤 낱말에 대한 설명인지 쓰세요.

1) 신니시는 과정에 있는 시기 → ☐☐☐

2) 걸러서 지나감 → ☐☐

3) 지나치게 칭찬함 → ☐☐

4) 허물과 잘못 → ☐☐

5) 시간이 지나감 → ☐☐

3 알맞은 낱말을 찾아 문장을 완성하세요.

1) 저 아이는 ☐☐☐로 키워서 그런지 응석받이가 됐어.

2) 버는 것보다 쓰는 게 더 많은 ☐☐☐을(를) 하면 살림이 어려워져요.

3) 내 실력이 너무 ☐☐☐☐되어 있어서 부담스러워.

4) 오늘 점심에 ☐☐을(를) 했더니 배가 너무 불러.

5) 우리 학교 야구팀은 고교 야구 선수권 대회의 예선을 ☐☐했다.

28

4 문장에 어울리는 낱말을 골라 ○표 하세요.

1) 난 오늘부터 (개과천선 / 과대평가)했어. 이젠 착실하게 살 거야.

2) 어른이 되려면 청소년기라는 (과정 / 과도기)를 거쳐야 하지.

3) 자동차의 엔진이 (과열 / 과로)되면 식혀 주어야 합니다.

4) 엘리베이터는 정원이 (통과 / 초과)되면 '삐-' 하는 소리가 난다.

5 빈칸에 들어갈 알맞은 낱말을 고르세요. (   )

나는 누구일까요?
나는 길을 지나가는 중이에요.
니는 나그네지요.
나를 □□이라고 부르지요.

① 과객

② 여관

③ 과일

④ 취객

6 사다리를 따라 내려가 설명에 알맞은 낱말을 쓰세요.

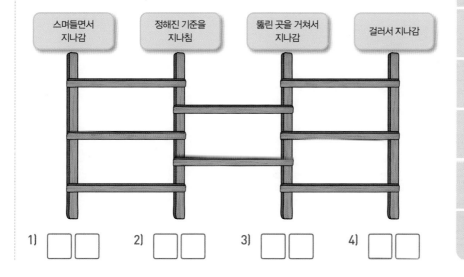

스며들면서 지나감

정해진 기준을 지나침

뚫린 곳을 거쳐서 지나감

걸러서 지나감

1) □□   2) □□   3) □□   4) □□

| 과속 |
| 과보호 |
| 과소비 |
| 과도 |
| 과열 |
| 과로 |
| 과찬 |
| 과대평가 |
| 과소평가 |
| 사과 |
| 과실 |
| 과오 |
| 전과 |
| 개과천선 |

저런, 열대어는 열대 지역에 사는 물고기라는 것을 모르는 모양이네
요. 열대(熱帶)란 아프리카처럼 온도가 아주 높아 뜨거운 지역을 말
해요. 열대 지역에서 나는 바나나와 파인애플은 열대 과일이지요.

여름철에는 밤에도 무더위 때문에 잠을 제대로 잘 수가 없어
요. 더위가 밤까지 계속되는 것을 무엇이라고 할까요? (   )

① 장마   ② 열대야   ③ 한더위   ④ 불야성

정답은 ②번, 열대야(熱帶夜)예요.
'온도가 높은 밤'이라는 뜻이지
요. 열대야에는 바람이 불어도
꼭 뜨거운 바람만 불어요.
뜨거운 바람은 열풍이라고 하
지요. 사막에서 부는 바람도 열
풍이고요.
열(熱)은 '뜨겁다', '온도가 높
다'는 뜻으로 쓰여요.

熱 뜨거울 열

- **열대**(熱 帶지역 대)
  뜨거운 지역 / 온도가 높은 곳
- **열대어**(熱 帶 魚물고기 어)
  열대에 사는 물고기
- **열대야**(熱 帶 夜밤 야)
  열대 지역처럼 온도가 높은 밤
- **열풍**(熱 風바람 풍)
  뜨거운 바람

🔔 **아열대**

아열대(亞버금 아 熱帶)는 열
대에 버금간다는 뜻이에요. 온
대보다는 덥지만, 열대보다는
시원하지요. 우리나라는 온대
지역에 속해요.

30

물이 펄펄 끓는 주선자 주변에 손을 가져가면 뜨거운 기운이 느껴지죠? 이것을 열기라고 해요. 열기가 지나치면 과열된 거지요. 화재가 발생하면 열기가 매우 심해서 화상을 입기도 해요.

> 소방관들이 열기로부터 몸을 보호하기 위해
> 입는 옷은 무엇일까요? (   )
>
> ① 방열복   ② 운동복   ③ 방탄복   ④ 방한복

정답은 ①번이죠? 방열(防熱)은 열을 막는 거예요.
방열복은 열기를 막아 주는 옷이죠. 그런 옷은 내열성이 뛰어난 옷감으로 만들거든요. 내열은 뜨거움에 잘 견딘다는 말이에요.

아래의 빈칸을 채우면서 계속 읽어 볼까요?
높은 열은 고□,
심하게 열이 나는 병은 □병,
열로 열을 다스리는 방법은
이□치□이라고 해요.
빈칸을 채우면 고열, 열병,
이열치열이 완성되죠.
열병은 어떤 일에 몹시 흥분한
상태를 말하기도 해요.
'사랑의 열병'은 사랑에 빠져
심하게 앓는다는 말이에요.
이열치열은 한여름에 삼계탕을 먹는 것처럼 더위를 뜨거운 것으로써 이기는 것을 말해요.
까만 숯이 아주 뜨거워지면 하얀 빛을 내거든요. 온도가 아주 높아지면 하얀 빛이 나는 거죠. 그래서 하얀 빛이 나올 정도로 뜨거워지는 전구를 백열전구라고 해요.

熱 뜨거울 열

- **열기**(熱 氣기운 기) 뜨거운 기운
- **과열**(過지나칠 과 熱) 열기가 지나침
- **방열**(放막을 방 熱) 열기를 막음
- **방열복**(放熱 服옷 복) 열기를 막을 수 있는 옷
- **내열**(耐참을 내 熱) 뜨거움을 잘 견딤
- **고열**(高높을 고 熱) 높은 열
- **열병**(熱 病병 병) 높은 열이 나는 병 / 몹시 흥분한 상태
- **이열치열**(以써 이 熱 治다스릴 치 熱) 열로써 열을 다스림 / 뜨거운 것으로 더위를 이김
- **백열**(白흰 백 熱)**전구** 하얀 빛이 나올 정도로 뜨거워지는 전구

> 박쥐네도 바꿔 봐.
> **태양열** 주택
> 아주 좋아.

> 너 선인장이랑
> 놀지 마라.

熱 열에너지 **열**

■ **열(熱)에너지**
에너지로 사용하는 열

■ **태양열(熱)**
태양에서 나오는 열에너지

■ **광열비(光**빛 광 **熱 費**비용 비**)**
가정에서 빛을 밝히고 열을 쓰는 데 드는 돈, 즉 전기세와 난방비

■ **지열(地**땅 지 **熱)**
땅에서 나오는 열

■ **가열(加**더할 가 **熱)**
열을 너함 / 열에너지를 더함

주로 어두컴컴한 데서 사는 박쥐에게는 어려운 일이겠지만, 태양열 주택은 태양에서 나오는 열로 난방도 하고, 조명도 밝히기 때문에 광열비를 크게 줄일 수 있어요.

광열비는 빛과 열을 내는 데 드는 돈이에요.

그러면 땅에서 나오는 열은 무엇일까요? 맞아요, 지열(地熱)이에요.

태양열이나 지열을 에너지로 사용할 때 이러한 열을 열에너지라고 부르지요.

열(熱)은 열에너지를 뜻하기도 하거든요.

에너지(Energy)는 모든 활동의 근원이 되는 힘을 말해요.

열에너지와 관련된 말들로 빈칸을 채워 볼까요?

열을 가하는 것은 가▢, 공기를 가열하여 열에너지로 빌아나니는 기구는 ▢기구예요.

잘 맞혔나요? 완성된 낱말은 가열, 열기구예요.

서로 문지를 때 생기는 열에너지는 무엇일까요? (   )

① 박수열   ② 물체열   ③ 마찰열   ④ 발생열

■ **열기구(熱 氣**공기 기 **球**공 구**)**
열에너지로 날아다닐 수 있게 만든 기구

■ **마찰열(摩**문지를 마 **擦**문지를 찰 **熱)**
물체를 서로 문지를 때 생기는 열에너지

■ **열전도(熱 傳**전할 전 **導**통할 도**)**
물체에 열이 전해짐

정답은 ③번이죠. 손을 비비면 뜨거워지죠? 마찰열이 생긴 거예요.

뜨거운 냄비를 들 때는 장갑을 끼거나 행주로 손잡이를 감싸요.

그렇게 하지 않으면 냄비의 열이 손에 그대로 전달될 테니까요. 이렇게 물체에 열이 전해지는 것을 열전도라고 해요.

견우와 직녀는 서로 얼렬히 사랑하는 사이였어요.

열렬(熱烈)은 '뜨겁고 세차다'라는 뜻이에요. 뜨겁고 세찬 만큼 마음도 크고 강렬하겠죠? 그래서 열(熱)에는 '마음이 뜨겁다', 즉 '열렬하다'라는 뜻도 있어요.

그러면 견우와 직녀처럼 열렬히 사랑하는 것을 뭐라고 부를까요?
정답은 열애예요. 좋아하는 스타에게 열광하는 소년, 소녀 팬들에게 열성적이라고 하지요? 열광은 열렬한 마음에 미친 듯이 날뛰는 것이고, 열성은 열렬하게 정성을 들인다는 말이지요.

열렬히 집중하는 것은 열중,

어떤 일에 열렬한 애정을 갖는 것은 열정이지요.

하지만 견우와 직녀는 일 년에 한 번밖에 만날 수 없어요. 그럴수록 서로 만나고 싶어 하는 바람은 점점 커져만 갔지요. 이처럼 열렬히 바라는 것은 ☐망, 온 정성을 다하는 열렬한 마음은 ☐심이에요.

熱	열렬할 열

- **열렬**(熱 烈세찰 렬)
  뜨겁고 세참 / 강렬함
- **열애**(熱 愛사랑 애)
  열렬한 사랑
- **열광**(熱 狂미칠 광)
  열렬한 마음에 미친 듯이 날뜀
- **열성**(熱 誠정성 성)
  열렬하게 정성을 들임
- **열중**(熱 中집중할 중)
  열렬히 집중함
- **열정**(熱 情애정 정)
  열렬한 애정
- **열망**(熱 望바랄 망)
  열렬히 바람
- **열심**(熱 心마음 심)
  열렬한 마음

🔔 이런 말도 있어요

몹시 화가 났을 때 열받다라는 말을 해요. 흥분하거나 성이 나면 어때요? 얼굴도 빨개지고 갑자기 몸에서 열이 나는 것처럼 덥죠. 이를 빗대서 표현하는 말이지요.

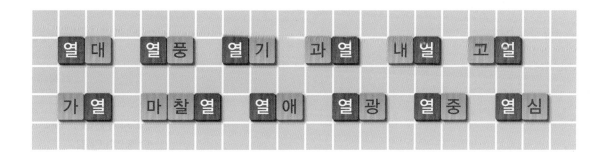

열대　열풍　열기　과열　내열　고열
가열　마찰열　열애　열광　열중　열심

熱
뜨거울 열

열대

열대어

열대야

열풍

아열대

열기

과열

방열

방열복

내열

고열

열병

이열치열

백열전구

열에너지

1 공통으로 들어갈 한자를 따라 쓰세요.

| 풍 |
| 기 | 대 야 | 熱 | 이 치 | 내 |
| 정 |

과
내
가

뜨거울 **열**

2 어떤 낱말에 대한 설명인지 쓰세요.

1) 열대에 사는 물고기 ➡ ☐☐☐

2) 뜨거운 기운 ➡ ☐☐

3) 에너지로 사용하는 열 ➡ ☐☐☐☐

4) 물체를 서로 문지를 때 생기는 열에너지 ➡ ☐☐☐

5) 뜨겁고 세참, 강렬함 ➡ ☐☐

3 알맞은 낱말을 찾아 문장을 완성하세요.

1) 온 국민이 애타게 ☐☐하던 통일을 눈앞에 두고 있습니다.

2) 우리 팀이 승리할 수 있었던 것은 관중들의 ☐☐적인 응원 덕분이야.

3) 우리 부모님은 3년간의 ☐☐ 끝에 결혼하셨대요.

4) 얼마나 독서에 ☐☐했던지 해가 지는 줄도 몰랐네.

5) 열대와 온대 사이에 있는 지역은 ☐☐☐예요.

4 문장에 어울리는 낱말을 골라 ○표 하세요.

1) 아프리카처럼 아주 더운 지역은 (열대 / 아열대) 지역이다.

2) 어젯밤에 (열대야 / 열대어) 때문에 한잠도 못 잤어.

3) 감기로 일주일 내내 (내열 / 고열)에 시달렸다.

4) 승규는 소녀시대의 팬클럽 활동에 (열렬 / 열성)이다.

5) 월드컵 4강에 진출하자 온 국민이 (열광 / 열중)했다.

5 다음 중 밑줄 친 낱말의 뜻이 바른 것을 고르세요. (   )

① 열기가 지나친 것을 가열이라고 한다.

② 이열치열은 지통으로 잇몸에 열이 나는 현상을 말한다.

③ 태양열을 사용하는 데 드는 돈을 광열비라고 한다.

④ 백열전구는 하얀 빛이 나올 정도로 뜨거워지는 전구를 가리킨다.

6 빈칸에 들어갈 알맞은 낱말을 순서대로 짝 지은 것을 고르세요. (   )

소방관의 옷은 □□복이라고 하며,
□□성이 뛰어난 옷감으로 만든다.

① 방탄 – 내열   ② 방한 – 방수

③ 내열 – 방한   ④ 방열 – 내열

| 태양열 |
| 광열비 |
| 지열 |
| 가열 |
| 열기구 |
| 마찰열 |
| 열전도 |
| 열렬 |
| 열애 |
| 열광 |
| 열성 |
| 열중 |
| 열정 |
| 열망 |
| 열심 |

따뜻한 물이 펑펑 나오는 온천

溫
따뜻할 온

그거 시원한 계곡물이 아니라, □□□이야.

위 그림의 빈칸에 들어갈 말은 무엇일까요? (   )

① 온도   ② 온천   ③ 목욕   ④ 냉천

정답은 ②번, 온천이에요.

온천은 땅속에서 나오는 따뜻한 샘물이지요.

따뜻한 물을 채운 목욕탕은 온탕, 따뜻한 물은 온수라고 해요.

여기서 온(溫)은 '따뜻하다'는 뜻이에요.

젖은 머리를 말리는 헤어드라이어의 따뜻한 바람은 온풍, 따뜻하게 온도를 유지하는 시설물을 온실이라고 해요.

따뜻한 온실에서는 겨울에도 채소와 과일을 키울 수 있어요.

유리로 만든 온실도 있고, 비닐로 만든 온실도 있는데, 비닐로 만든 온실이 바로 비닐하우스예요.

겨울나기에는 여기가 최고야.

겨울잠 자지 말고 여기서 살까?

溫 따뜻할 온

■ 온천(溫 泉샘천)
따뜻한 샘물

■ 온탕(溫 湯탕탕)
따뜻한 물을 채운 목욕탕

■ 온수(溫 水물수)
따뜻한 물

■ 온풍(溫 風바람풍)
따뜻한 바람

■ 온실(溫 室방실)
따뜻하게 온도를 유지하는 시설물

🔔 온실효과
지구가 온실 속에 있는 것처럼 더워지는 현상을 말해요. 지구를 둘러싼 대기가 비닐하우스와 같은 역할을 해서 붙여진 이름이지요.

후훗, 누구 말이 맞을까요?

어제보다 오늘이 더 춥다면 이 것이 어제보다 낮아야 해요. 이것은 무엇일까요? (   )

① 온도   ② 진도   ③ 습도

溫 따뜻할 온

- 온도(溫 度정도도)
물체의 따뜻한 정도

- 온도계(溫度 計셈할 계)
온도를 재는 기구

- 온도차(溫度 差다를 차)
온도의 다른 정도 / 온도의 차이

맞았어요! 정답은 ①번이에요. 온도가 낮으면 더 춥잖아요.

온도(溫度)는 물체의 따뜻한 정도를 말해요. 그러니까 온도가 높다는 말은 따뜻하다는 말이고, 온도가 낮다는 말은 차갑다는 말이지요.

그런데 온도가 높은지 낮은지 어떻게 알까요? 일단 만져 보라고요? 안 돼요. 혹시 뜨거운 물건이면 어떡해요!

직접 손으로 만지면 물건이 뜨거운지 차가운지 알 수 있지만, 정확한 온도는 알 수 없어요.

온도가 높은지 낮은지 알고 싶으면 온도계(溫度計)로 재 보면 돼요. 온노계의 온도를 비교하면 어제가 더 추운지 오늘이 더 추운지 확실히 알 수 있거든요.

어제보다 오늘이 추워졌다면, 온도는 낮아진 걸까요, 올라간 걸까요? 추워졌다고 했으니 낮아졌다는 말이겠죠.

따뜻한 것과 추운 것의 차이는 온도차(溫度差)예요. 온도가 어느 정도나 다른지 그 차이를 나타내지요.

🔔 **차가울 냉(冷)**
'따뜻하다'의 반대말은 '차갑다'예요. 온(溫)의 반대말은 냉(冷)이고요. 그러니까 온수의 반대말은 냉수, 온탕의 반대말은 냉탕이지요.

🔔 **온돌**
온돌(溫 突뚫을 돌)은 방바닥을 따뜻하게 하기 위해 우리나라에서 옛날부터 쓰던 방법이에요. 바닥에 돌을 깔고 돌 밑에 구멍을 뚫어 따뜻한 공기를 흘려보내면 방이 따뜻해지는 원리지요.

🔔 **온대**
온대(溫 帶띠 대)는 지구의 여러 지역 가운데 따뜻한 지역을 말해요. 온대보다 따뜻한 곳은 난대(暖따뜻할 난 帶), 그보다 더 따뜻해서 덥고 뜨거운 지역은 열대(熱더울 열 帶)라고 하지요.

어제보다 많이 추워~

거봐, 내 말이 맞지?

온도차가 5도씩이나…

■ 기온(氣공기기溫)
공기의 온도

■ 수온(水물수溫)
물의 온도

■ 체온(體몸체溫)
몸의 온도

■ 고온(高높을고溫)
높은 온도

■ 저온(低낮을저溫)
낮은 온도

■ 상온(常보통상溫)
보통의 온도

■ 보온(保지킬보溫)
물체의 온도를 원래대로 지켜 주는 것

에이, 사과를 빼고는 모두 온도 재는 방법이 잘못됐네요. 그런데 '공기의 온도', '물의 온 도', '몸의 온도'라고 쓰면 너무 길지 않아요? 빈칸을 채우면서 간단하게 두 글자로 만들어 보자고요!

공기 온도는 기온(氣溫), 물의 온도는 수☐, 사람이나 동물 몸의 온도는 체☐이라고 하면 돼요. 여기서 온(溫)은 따뜻하다는 말이 아니에요. 온도라는 뜻이지요. 높은 온도는 고온, 낮은 온도는 저온, 보통 때의 온도는 상☐이에 요. 상온에 보관하라는 말은 냉장고 같은 곳에 두지 말고 그냥 밖에 두라는 말이에요.

오늘은 모처럼 도시락을 싸 가는 날이에요. 날이 추우니 도시락이 식지 않도록 보온 도시락을 가져가야겠죠?

이렇게 주위의 온도가 바뀌더라도 물체의 온도를 원래대로 지켜 주 는 것을 보온(保溫)이라고 하거든요.

🔔 보온
보온병, 보온 도시락, 보온 밥 통은 모두 물이나 밥을 따뜻하 게 유지해 주는 것들이에요.

온기(溫氣)가 뭘까요? 기온은 공기의 온도라고 했잖아요.

그럼 온기는 따뜻한 공기일까요?

맞아요! 하지만 온기는 따뜻한 공기만 뜻하는 말은 아니에요. 따뜻한 기운이 풍겨 나오는 것은 공기 말고도 많거든요.

방바닥에 불을 때면 따뜻해져요. 그러면 방바닥에

아빠가 손을 만지면 따뜻하죠? 아빠 손바닥에 온기가 있어서 그래요.

또 착한 일을 하면 마음이 따뜻해지잖아요.

그건 마음의 온기라고 해요.

여기서 온(溫)은 '마음이 따뜻하다'라는 뜻으로

쓰였어요. 마음이 부드럽고 착하다는 말이지요.

그래서 사람이나 동물이 부드럽고 착하면 온순(溫順)하다고 해요.

'온순'과 비슷한 말은 '온화(溫和)'예요. 온화한 사람은 성격이 부드러워서 잘 다투지 않지요.

또 날씨가 부드럽고 따뜻할 때도 온화하다고 해요.

溫 따뜻할 온

- 온기(溫 氣기운 기)
  따뜻한 기운

溫 부드러울 온

- 온순(溫 順순할 순)
  성질이 부드럽고 순함
- 온화(溫 和화목할 화)
  성격이 부드러워 잘 다투지 않음 / 날씨가 부드럽고 따뜻함

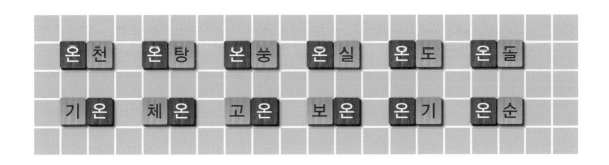

따뜻할 온

온천

온탕

온수

온풍

온실

온실효과

온도

온도계

온도차

냉수

냉탕

온돌

1 공통으로 들어갈 한자를 따라 쓰세요.

탕			
돌	도 계	溫	도 차
화		따뜻할 온	

체
상
보

2 어떤 낱말에 대한 설명인지 쓰세요.

1) 따뜻한 물을 채운 목욕탕 ➡ ☐☐

2) 온도를 재는 기구 ➡ ☐☐☐

3) 따뜻한 바람 ➡ ☐☐

4) 물체의 온도를 원래대로 지켜 주는 것 ➡ ☐☐

5) 성실이 부드럽고 순함 ➡ ☐☐

3 알맞은 낱말을 찾아 문장을 완성하세요.

1) 우리 할아버지는 따뜻한 노천 ☐☐에서 목욕하는 걸 좋아하셔.

2) 네가 한겨울에도 이렇게 토마토를 먹을 수 있는 건 ☐☐ 덕분이지.

3) 엄마! 욕실에 ☐☐가 안 나와요. 차가운 물로는 머리 못 감아요.

4) 동생은 감기에 걸려서 ☐☐이 39℃나 되었다.

5) 우리 담임 선생님은 성격이 ☐☐하시지만, 한 번 화가 나면 무섭다.

4 문장에 어울리는 낱말을 골라 ○표 하세요.

1) 바나나는 냉장고에 넣지 않고 (상온 / 고온)에 보관해야 한다.

2) 냉탕에는 (온기 / 냉기)가 없어서 시원해.

3) 겨울 내내 따뜻한 (온돌 / 온탕)방에서 만화책만 봤어.

4) 가을에는 아침과 낮의 (온도차 / 온도계)가 심해서 감기에 걸리기 쉽다.

5 설명과 어울리는 낱말을 연결하세요.

1) 성격이나 태도가 온순하고 부드러움 •   • 온도

2) 따뜻하고 차가운 정도   •   • 기온

3) 따뜻한 기운   •   • 온기

4) 공기의 온도   •   • 온화

6 빈칸에 들어갈 알맞은 낱말을 쓰세요.

1) 진영 : 무슨 날씨가 이렇게 춥지?

　해일 : 오늘 일기 예보 안 봤어? ☐☐ 이 영하로 떨어졌대.

2) 민호 : 어우, 추워. ☐☐ 기 틀어야겠다.

　뭉치 : 뭐야? 더운 바람이 아니라 찬바람이 나오잖아!

3) 재녕 : 네 노시락은 왜 아직도 따뜻해?

　수정 : 이거 ☐☐ 도시락이잖아.

4) 뭉치 : 난 싸움 잘하는 개가 좋더라.

　민호 : 모르는 소리, 반려견은 성격이 ☐☐ 해야 돼.

온대
난대
열대
기온
수온
체온
고온
저온
상온
보온
온기
온순
온화

내가 생각한 대로 설정!

설 정

이런 **설정** 어때? 난 왕자, 넌 공주?

꺅, 좋아!

○○ 연극　왕과 신하

연극을 해 본 적이 있나요? 연극을 할 때는 먼저 등장인물과 배경 등을 설정해야 해요. 이때 설정이라는 말은 새로운 것을 세워서 정하는 것을 말해요. 설정의 설(設)은 '새로운 것을 세운다'는 뜻이고, 정(定)은 '정한다'는 뜻을 갖고 있어요. 설정은 아무것도 없는 상태에서 새롭게 무엇을 정할 때 주로 쓰여요. 통장의 비밀번호를 설정하거나, 목표를 설정하는 것처럼요.

새로 만들어 세울 때는 설(設)

새로운 것을 만들어 세운 다는 뜻의 대표적인 낱말에는 건설이 있어요. 건물이나 모임, 그 밖의 필요한 것들을 새로 만들어 세운다는 뜻이지요. 새롭게 세워 만든 일이 좋은 방향으로 나아갈 때는 건설적이라고 해요. '건설적

이 건물이 세계 최고의 건물이 되었으면 좋겠군.

튼튼한게 최고지.

안전

안전

건설현장

인 대화', '건설적인 모임' 등으로 쓰이죠.

設	定
세울 설	정할 정
새로 세워 정함	

■ **건설**(建세울 건 設)
건물을 새로 만들어 세움

■ **건설적**(建設 的~의 적)
어떤 일을 좋은 방향으로 세우는

■ **설립**(設 立세울 립)
기관이나 조직을 만들어 세움

■ **설계**(設 計계산할 계)
계획을 세움

■ **설치**(設 置둘 치)
베풀어 둠

■ **설비**(設 備준비할 비)
베풀어 준비해 둠

■ **시설**(施베풀 시 設)
베풀어 둔 도구, 기계, 장치

설(說)이 들어가는 낱말을 더 알아볼까요?

학교나 회사 같은 기관을 새로 만들어 세우면 ☐립, 계획을 세우면 ☐계라고 해요.

그런데 설(設)은 일을 벌이고 베푼다는 뜻도 있어요. 다른 사람을 잘되게 하거나 일을 벌여 함께 나누는 것이지요.

일을 벌여 세워 두는 것은 ☐치, 일을 벌여 미리 준비해 두는 것은 ☐비예요. 이렇게 미리 베풀어 설비해 둔 모든 것들을 시설이라고 해요. 공원이나 공중화장실처럼 많은 사람이 다 같이 이용하도록 나라에서 만들어 둔 공공시설은 많을수록 편리하겠죠?

원래 있는 시설을 더 많이 만들어 설치하는 것은 증설, 새로 만들어 설치하는 것은 신설이라고 해요.

확실히 정할 때는 정(定)

태권도 경기나 권투 시합에서 두 선수가 대등한 경기를 펼쳤어요. 경기가 끝나면 심판이 판정을 내려 누가 이겼는지 알려 주지요. 판정은 어떤 일의 결과를 판단하여 결정한다는 뜻이에요.

감정은 물건이 좋고 나쁜지 살펴본 후 정하는 것이고, 감정사는 미술품이나 보석과 같은 물건이 진짜인지 가짜인지 감정하는 사람을 뜻해요.

결정(決定)에서 결(決)은 '과감하다, 자르다'는 뜻이 있어요. 그레서 결정은 과감하고 분명히 정하는 것이죠. 가짜로 정해 보는 것은 가정, 잠깐 임시로 결정하는 것은 잠정, 계획이나 방책을 세워서 결정하는 것은 책정, 이미 정해진 금액은 정액이라고 해요.

공공시설(公공평할 공 共함께 공 施베풀 시 設)
많은 사람이 다 같이 이용하도록 나라에서 만들어 둔 시설

증설(增늘릴 증 設)
더 늘려 설치함

신설(新새신 設)
새로 설치함

판정(判판가름할 판 定)
판단하여 결정함

감정(鑑살펴볼 감 定)
물건을 좋고 나쁨을 살펴서 정함

감정사(鑑定 士선비사)
감정하는 사람

결정(決써님빌 닐 定)
분명하게 징힘

가정(假가짜 가 定)
가짜로 정함

잠정(暫잠깐 잠 定)
잠깐 정함

책정(策계책 책 定)
계획이나 방책을 정함

정액(定 額수량 액)
정해진 액수

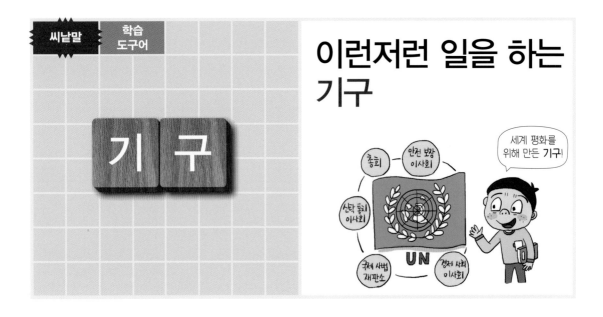

이런저런 일을 하는 기구

세계 평화를 위해 만든 기구!

유엔(UN)은 세세이 편하를 지키기 위해 만든 기구에요. 기구는 '틀 기(機)', '얽을 구(構)'가 합쳐진 말이지요. 기구는 많은 사람이 모여 어떤 목적을 이루기 위해 만든 모임이나 조직을 말하죠. 기구와 비슷한 말로 기관이 있어요. 유엔(UN)과 같이 세계 여러 나라 사이의 일을 살피고 해결하기 위해 만든 조직을 국제기구라고 해요.

천을 짜던 베틀의 뜻을 가진 기(機)

엣날에는 천을 짜는 베틀이 아주 중요했어요. 천이 있어아 옷이나 이불을 만들 수 있었거든요. 게다가 베틀은 손으로 짜기 힘든 천을 손쉽게 짤 수 있도록 해 주었지요. 그래서 베틀은 사람이 하기 힘든 일을 대신 해 주는 기계라는 뜻을 갖게 되었어요.

베틀을 뜻하는 기(機)는 그래서 '기계'를 뜻하기기도 해요.

사람이 할 수 없는 일이나 힘든 일을 대신해 주는 장치인 ☐계,

이런 기계 장치는 ☐관, 또는 ☐기라고도 불러요.

기(機)는 어떤 일의 바탕이나 기초, 적절한 때와 시기를 뜻하기도 해요.

어떤 일을 하는 데 가장 적절한 때는 기회,

어떤 행동을 하도록 만드는 기회는 동기예요.

機 틀 기	構 얽을 구
많은 사람이 모여 어떤 목적을 이루기 위해 만든 기관	

국제(國나라국 際사이제)기구
세계 여러 나라 사이의 일을 살피고 해결하기 위해 만든 기구

기계(機 械틀계)
움직이거나 일을 하는 징치

기관(機 關관계관)
움직이거나 일을 하는 장치 / 사회에서 설치한 기구나 조직

기기(機 器도구기)
기구, 기계

기회(機때기 會기회회)
어떤 일을 하는 데 적절한 때

동기(動움직일동 機기회기)
어떤 행동을 일어나게 하는 기회나 원인

어떤 일이 일어나도록 만드는 아주 딱 들어맞는 이유는 계기라고 하고요. 상황에 따라 빠르게 대처하는 행동은 기동, 때에 따라 빠르게 행동하는 능력은 기동력이지요.

얽거나 엮다는 뜻을 가진 구(構)

장난감 블록을 잘 맞추면 멋진 작품이 돼요. 이렇게 작은 조각들을 잘 맞추어 큰 것을 만드는 것을 구성이라고 해요. 구(構)는 '얽다, 엮다'는 뜻이 있거든요.

이렇게 작은 것을 잘 맞춰서 큰 것이 잘 만들어졌으면 구성적이라고 말해요. 한 번 구성했던 것을 풀었다가 다시 구성하면 '다시 재(再)' 자를 써서 재구성이라고 하고요.

구성과 구조는 비슷한 말이에요. 구조는 부분이 어떤 전체를 짜서 이룬다는 뜻이에요. 구성의 성(成) 자와 구조의 조(造) 자는 똑같이 만들고 이룬다는 뜻이 있거든요.

작은 부분과 커다란 전체가 서로 어울리게 잘 짜여져 있으면 구조적, 그렇게 잘 짜이도록 만드는 일을 구조화라고 해요.

생각을 나뭇가지 엮듯 잘 짜내어 연결하는 것은 구상이에요.

작가들은 멋진 인물과 흥미로운 배경, 재미있는 사건을 얽어서 한 편의 완성된 이야기를 구상하잖아요. 하지만 이렇게 완성된 작품은 대부분 진짜가 아니라 꾸며 낸 이야기인 허구이지요.

구성은 탄탄하지만 모두 **허구**!

- **계기**(契 들어맞을 계 機)
  어떤 일이 일어나게 하는 결정적인 기회
- **기동**(機 動 움직일 동)
  상황에 따라 재빠르게 움직이거나 대처하는 행동
- **기동력**(機 動 力 힘 력)
  상황에 따라 빠르게 행동하는 능력
- **구성**(構 얽을 구 成 이룰 성)
  몇 가지 부분을 모아 전체를 짜 이룸
- **구성적**(構 成 的 ~의 적)
  구성에 알맞은
- **재구성**(再 다시 재 構 成)
  다시 구성함
- **구조**(構 造 이룰 조)
  부분이 어떤 전체를 짜 이룸
- **구조적**(構 造 的 ~의 적)
  구조에 관계되는
- **구조화**(構 造 化 될 화)
  부분이 서로 관련되어 통일된 조직이 만들어짐
- **구상**(構 想 생각 상)
  앞으로 이루려는 일을 어떻게 정할지 이리저리 생각함
- **허구**(虛 헛될 허 構)
  사실에 없는 일을 꾸며서 만듦

기관		기회			동		동		구성		허구
계		기		계기		기동		조		상	

씨낱말 블록 맞추기

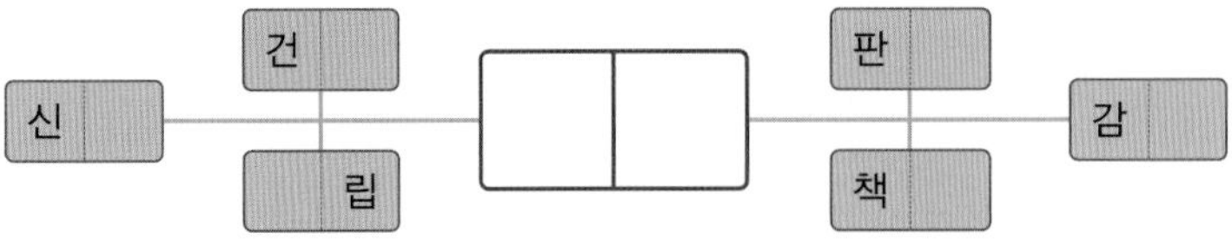

설 정

씨낱말 블록 맞추기

설정

① 공통으로 들어갈 낱말을 쓰세요.

신 — 건 / 립 — [ ][ ] — 판 / 책 — 감

② 주어진 낱말을 넣어 문장을 완성하세요.

1) 건 / 설 계

마을에 댐을 [ ][ ]하기로 했어. 공사를 하기 전에 안전한 [ ][ ]가 필요해.

2) 잠 / 가 정

그를 이번 사건의 범인으로 [ ][ ]한다면, [ ][ ]적으로 결론을 내릴 수 있어.

3) 감 / 책 정

대대로 내려오는 보석을 [ ][ ]했는데, 가격이 무려 1억으로 [ ][ ]되었어.

4) 신 / 증 설

작년에 시내에 병원이 [ ][ ]되었는데, 병실이 모자라 더 크게 [ ][ ]했대.

③ 문장에 어울리는 낱말을 골라 ○표 하세요.

1) 다이아몬드가 진짜인지 확인하기 위해 (설립자 / 감정사)를 찾아갔어.
2) 안테나를 (설치 / 설비)했더니 텔레비전 화면이 잘 나와.
3) 올해부터 우리 동네에 이전에는 없었던 주민 센터가 (신설 / 증설)된다고 해.
4) 유엔(UN)은 세계의 평화를 지키기 위해 (설정 / 설립)된 국제기구야.
5) 우리 서로를 위해 (건설적 / 자조적)인 이야기를 해 보자.

설정
건설
건설적
설립
설계
설치
설비
시설
공공시설
증설
신설
판정
감정
감정사
결정
가정
잠정
책정
정액

1 공통으로 들어갈 낱말을 쓰세요.

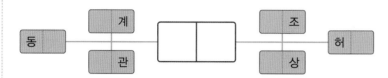

동 / 계 / 관 / [ ][ ] / 조 / 상 / 허

| 기구 |
| 국제기구 |
| 기계 |
| 기관 |
| 기기 |
| 기회 |
| 동기 |
| 계기 |
| 기동 |
| 기동력 |
| 구성 |
| 구성적 |
| 재구성 |
| 구조 |
| 구조적 |
| 구조화 |
| 구상 |
| 허구 |

2 주어진 낱말을 넣어 문장을 완성하세요.

1) 동
    기 구

전 사무총장님을 보니 유엔 국제 [ ][ ]에서 일하고 싶은 [ ][ ]가 생겼어.

2) 허 구
        상

소설은 인물, 배경 등을 꾸며낸 [ ][ ]를 [ ][ ] 해서 쓴 거야.

3) 계
    기 회

이번에 경기에서 우승한 [ ][ ]로 올림픽에 출전할 [ ][ ]를 얻었어.

4) 기 관
    기

우리나라 수사 [ ][ ]에서는 최첨단 [ ][ ]를 활용해서 범인을 잡는 데 최선을 다해.

3 문장에 어울리는 낱말을 골라 ○표 하세요.

1) 수리를 했더니 텔레비전이 제 (기능 / 기회)을(를) 하네.

2) 소설은 비록 (허구 / 기정)(이)지만, 진짜같이 느껴질 때도 있어.

3) 우리 동네에 이전에는 없었던 행정 (기기 / 기관)이(가) 생겼어.

4) 세계 보건 기구(WHO)는 보건 분야의 세계 협력을 위해 설립된 (기구 / 기계)야.

5) 이야기가 (구상적 / 구조적)으로 짜임새 있게 엮여야 재미가 있어.

금지하면 하지 말아야 해

금지

음식점에 놀이가 가는데 '반려동물 출입 금지'라는 표지판이 눈에 띄네요. 강아지는 음식점에 들어갈 수 없다는 말이에요. 우리 주변에서는 '관계자 외 출입 금지'라는 표지판도 많이 볼 수 있어요. 관계자가 아니면 들어오지 말라는 뜻이에요. 이렇게 금지(禁止)는 하려던 것을 막아 멈추게 한다는 뜻이에요. 무언가를 하지 않거나, 그만두거나, 멈추게 해야 할 때 쓰이는 말이지요.

하지 못한다는 뜻의 금(禁)

금(禁)은 '하지 못하게 하다, 하지 않는다'는 뜻을 갖고 있어요. '담배 연(煙)' 자 앞에 금(禁)이 오면 금연이에요. 금연은 담배를 피우지 않거나 피우지 않도록 막는 것이죠. 이렇게 금하는 말을 알아봐요!

☐ 주는 술을 마시지 않거나 마시지 않도록 막는 것,

☐ 식은 음식을 먹지 않거나 먹지 않도록 막는 것,

☐ 서는 읽지 못하도록 나라에서 법으로 막은 책이에요.

보지 말라고 하면 할수록 더 보고 싶은 마음이 들었겠지요?

이렇게 무엇인가를 하고 싶은 마음을 꾹 참는 것은 금욕이에요.

무언가 하고 싶은 마음은 욕망, 욕구라고 하고요.

禁 금할 금	止 그칠 지

어떤 행위를 하지 못하도록 함

■ **금연**(禁 煙담배 연)
담배를 피우는 것을 금함

■ **금주**(禁 酒술 주)
술 마시는 것을 금함

■ **금식**(禁 食밥 식)
밥 먹는 것을 금함

■ **금서**(禁 書글 서)
책 읽는 것을 금함

■ **금욕**(禁 慾욕심 욕)
욕구나 욕망을 금함

신부님이나 스님은 금욕을 하며 종교의 가르침에 따라 금기를 잘 지키시는 분들이에요. 금기는 마음에 꺼려서 하지 않는 것이지요. 기(忌)는 '꺼리다, 미워하다'는 뜻을 갖고 있거든요.

종교나 문화마다 금기하는 것들이 있어요. 이슬람교는 돼지고기를 먹지 않고, 불교는 살아 있는 생명을 죽이는 것을 꺼리는 것처럼요. 금하는 것을 더욱 엄하게 하면 엄금, 한곳에 사람을 가두고 밖으로 나가는 것을 금지하는 것은 감금이에요.

멈춘다는 뜻의 지(止)

지(止)는 '멈추다'는 뜻을 갖고 있는 한자예요. 지(止)가 들어가면 멈추어야 한다는 것이지요. 지하철 승강장에는 노란색 선이 그어져 있지요? 노란색 선 밖으로 넘어가면 안 된다는 표시예요. 이 선을 정지선이라고 해요. 정지는 한곳에 멈춘다는 뜻이거든요.

지(止)가 들어간 낱말을 더 알아볼까요?

제□는 말려서 못하게 하는 것,

억□는 억눌러서 못하게 하는 것

방□는 어떤 일이 일어나지 못하게 막는다는 뜻이에요. 방(防)이 '막다'는 뜻이거든요.

폐□는 법이나 규칙을 없애는 것이고,

해□는 계약했던 것을 풀어서 사용하던 것을 멈춘다는 말이지요.

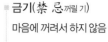

■ **금기**(禁 忌꺼릴 기)
마음에 꺼려서 하지 않음

■ **엄금**(嚴엄할 엄 禁)
엄하게 금지함

■ **감금**(監살필 감 禁)
드나들지 못하게 일정한 곳에 가둠

■ **정지**(停멈출 정 止그칠 지)
움직이던 것을 멈춤

■ **정지선**(停멈출 정 止 線선 선)
교통안전을 위해 정지해야 하는 선

■ **제지**(制금할 제 止)
말려서 못하게 함

■ **억지**(抑누를 억 止)
억눌러서 못하게 함

■ **방지**(防막을 방 止)
어떤 일이 일어나지 못하게 막음

■ **폐지**(廢버릴 폐 止)
법이나 규칙을 없앰

■ **해지**(解풀 해 止)
계약했던 것을 없앰

| 금주 | 금욕 | 감 | 정 | 방 | 해 |
| 연 | 기 | 엄금 | 제지 | 억지 | 폐지 |

집에서 학교끼지 가는 데 시간이 일마나 걸리나요? 10분 내외인 사람 손들어 보세요! 내외라는 말을 잘 모르겠다고요? 내외는 안과 밖을 두루 뜻하는 말이에요. 10분 내외는 10분의 안과 밖인 8, 9분이나 11, 12분 정도를 말해요. 이처럼 수치나 시간의 범위를 나타낼 때 쓰이는 내외는 조금 모자라거나 넘치는 정도를 말해요.

안쪽도 있고 바깥쪽도 있는 내외

차 안과 차 밖은 안과 밖이 분명하잖아요. 이때 내부는 사람이 타는 안쪽 부분, 외부는 바퀴가 있는 바깥쪽 부분을 말해요.

안의 모습은 내면, 겉모습은 외면이에요.

그래서 내면은 사람의 속마음을 뜻하기도 해요. 어떤 일이 마음속에 깊게 자리 잡는 일은 내면화라고 하고요.

안쪽으로 자리 잡고 있는 것은 내재, 바깥쪽에 있는 것은 외재이지요.

어떤 물건이나 사건 등에서 안과 관련된 것은 내부적, 내면적, 내적이라고 하고, 밖과 관련된 것은 외부적, 외면적, 외적이라고 해요.

오늘은 아빠와 야구장에 갔어요. 선수들이 경기장 바닥에 그려진 마름모 모양의 선을 따라 1루, 2루로 달리고 있어요. 이 선은 넓은

內	外
안 내	바깥 외

조금 모자라거나 넘치는 정도

■ **내부(內 部전체부)**
안쪽 부분

■ **외부(外部)**
바깥쪽 부분

■ **내면(外 面모습면)**
안의 모습

■ **외면(內面)**
겉모습

■ **내면화(內面 化될화)**
마음속 깊이 자리 잡힘

■ **내재(內 在있을재)**
안쪽에 자리 잡고 있는 것

■ **외재(外在)**
바깥쪽에 있는 것

■ **내부적(內部 的~의적)**
= **내면적 = 내적**
내부와 관련된 것

야구장의 안과 밖을 구분하기 위해 그려놓은 선이에요. 안쪽은 내야, 바깥쪽은 외야라고 해요.

내야수는 내야를 지키는 선수, 외야수는 외야를 지키는 선수예요.

앗! 이런, 한 선수가 공에 맞았어요. 눈에 파랗게 멍이 들었네요. 이렇게 상처가 겉으로 드러나 있으면 외상, 겉으로 보이지 않는 상처는 내상이에요.

경기를 보다 보니 벌써 네 시간이 지났어요. 엄마는 세 시간 이내에 집으로 오라고 하셨는데, 큰일이네요. 이내는 어떤 범위 안에 드는 것을 말해요. 그 범위 밖의 것은 이외이고요.

세 시간을 넘겼으니 엄마한테 꾸중을 들을지도 모르겠어요.

안쪽만 있거나 바깥쪽만 있거나

'내외'는 보통 안쪽과 바깥쪽을 모두 포함하는 말이지만, 가끔은 따로 떨어져서 안쪽이나 바깥쪽 한 쪽만 쓰이는 경우도 있어요.

내포는 속 안에 품어서 갖고 있다는 뜻이에요. 속에 품는 거니까 외포는 없고 내포만 있겠네요. 과외는 학교에서 하는 수업 이외의 모든 공부를 말해요. 학원 또는 개인 선생님과 같이 공부하는 것도 모두 과외지요.

제외도 밖으로 덜어 내어 없앤다는 뜻이에요. 제(除)에 덜다, 없애다는 뜻이 있거든요. 밖에서 잠을 자는 것은 외박이라고 하고요. 집에서 자는 것은 굳이 내박이라고 할 필요가 없겠죠?

■ **외부적**(外**外**部的)
= 외면적 = 외적
외부와 관련된 것

■ **내야**(內 野들야)
야구장에 그려진 선의 구역 안

■ **외야**(外野)
야구장에 그려진 선의 구역 밖

■ **내야수**(內野 手손수)
야구에서 내야를 지키는 선수

■ **외야수**(外野手)
야구에서 외야를 지키는 선수

■ **내상**(內 傷다칠상)
내부 상처

■ **외상**(外傷)
외부 상처

■ **이내**(以~써이 內)
일정한 범위의 안

■ **이외**(以外)
일정한 범위의 밖

■ **내포**(內 包감쌀포)
어떤 성질이나 뜻을 속에 품음

■ **과외**(課과정과 外)
정해진 학교 과정 이외에 하는 공부

■ **제외**(除덜제 外)
밖으로 덜어내어 없앰

■ **외박**(外 泊머물박)
집 외의 딴 곳에서 머묾

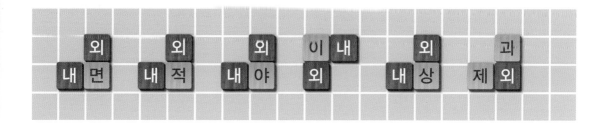

❶ 공통으로 들어갈 낱말을 쓰세요.

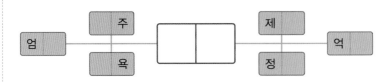

	금지
	금연
	금주
	금식
	금서
	근육
	금기
	엄금
	감금
	정지
	정지선
	제지
	억지
	방지
	폐지
	해지

❷ 주어진 낱말을 넣어 문장을 완성하세요.

1) 금 주 / 연
아빠는 술을 끊는 ☐☐ 보다 담배를 끊는 ☐☐ 이 더 어렵다고 하신다.

2) 정 / 해 지
휴대 전화를 며칠 동안만 ☐☐ 하려고 했는데, 실수로 완전히 ☐☐ 되어 버렸어.

3) 폐 / 방 지
아이들이 폭력적인 장면을 시청하는 것을 ☐☐ 하기 위해서 프로그램을 ☐☐ 하기로 결정했다.

4) 제 / 억 지
마트에서 ☐☐ 부리며 장난감을 사 달라고 하는 동생을 엄마는 엄하게 ☐☐ 하셨어.

❸ 문장에 어울리는 낱말을 골라 ○표 하세요.

1) 〈정감록〉이라는 책은 오래전에는 (금주 / 금서)였다고 해.

2) 어머니께서 내일 건강 검진을 받으셔서 오늘 저녁부터 (금식 / 금욕) 중이셔.

3) 골목길 범죄를 (지양 / 방지)하기 위해 CCTV를 설치했다.

4) 죄를 지으면 감옥에 (금지 / 감금)돼.

5) 합숙 훈련에 들어가면 밖으로 자유롭게 나가는 것을 (제지 / 제외)해.

**씨낱말
블록 맞추기**

내 외

1 공통으로 들어갈 낱말을 쓰세요.

상 — 부 / 면 — ☐☐ — 부 / 면 — 상

2 주어진 낱말을 넣어 문장을 완성하세요.

1) 외 / 내 부
이 차는 좌석이 있는 ☐☐는 물론 바퀴가 있는 ☐☐까지 모두 세차를 해야 해.

2) 외 / 내 상
겉으로 난 상처는 ☐☐, 겉으로 보이지 않는 상처는 ☐☐이야.

3) 과 / 제 외
수학 ☐☐를 하기 때문에 방과 후 학습에서는 ☐☐ 되었어.

4) 외 / 내 면
사람은 겉으로 보이는 ☐☐만 보고 판단하면 안 돼. ☐☐이 어떠한지를 봐야지.

5) 외 / 내 야
야구장에 그려진 선의 구역 안쪽은 ☐☐, 바깥쪽은 ☐☐라고 해.

3 문장에 어울리는 낱말을 골라 ○표 하세요.

1) 야구장의 (외면 / 외야)석까지 관중들로 가득 차 있었다.

2) 한 시간 (이내 / 이외)에 돌아와야 저녁 식사 모임에 참석할 수 있어.

3) 오늘 영어 (과외 / 외박) 수업에서는 무엇을 배울지 궁금해.

4) 우리 반 대표 축구 선수 명단에서 (외박 / 제외)된 것이 속상해.

내외
내부
외부
내면
외면
내면화
내재
외재
내부적
내면적
내적
외부적
외면적
외적
내야
외야
내야수
외야수
내상
외상
이내
이외
내포
과외
제외
외박

시험 점수가 떨어진 원인은?

원 인

점수가 20점이나 떨어진 **원인**을 찾아서 다음에는 꼭 30점을 받아야지!

여라! 수학 섬수가 선보다 20점이나 떨어졌어요! 다시 수학 점수를 올려야 해요. 우선 점수가 떨어진 원인부터 찾아야겠죠? 원인은 '근원 원(原)'과 '말미암을 인(因)'이 더해진 글자로, 어떤 일의 근원이 되는 이유를 말해요. 어떤 일이 생겨나는 여러 원인 중 가장 근본이 되는 것을 근원이라고 하지요.

원인을 찾아라! 근원 원(原)

사물의 근본이 되는 이치는 원리예요. 많은 경우에 적용되는 근본 법칙은 원칙이지요. 원칙이란 원래 지켜야 할 기본적인 규칙을 말해요. 그래서 "원칙에 어긋난다.", "원칙대로 하자."는 말을 많이 하잖아요. 원칙에 따르는 것은 원칙적이라고 하고요. '원칙적 태도', '원칙적인 입장'이라는 표현을 많이 해요. 원칙을 지키기 위해 태도나 입장을 바꾸지 않는다는 뜻으로 써요.

사물이 처음으로 생긴 근원은 기원이에요. 인류의 기원, 생명의 기원이라는 말을 들어 보았을 거예요.

이 세상의 모든 일에는 원인이 있어요. 어떤 일이 일어난 데에는 그 이유가 있다는 뜻이지요. 그럼 수학 점수가 떨어진 원인은 무엇일까요?

原	因
근원 원	말미암을 인

어떤 일의 근원이 되는 이유

■ **근원**(根뿌리 근 源)
어떤 일이 생겨나는 여러 가지 원인들 중 가장 근본이 되는 것

■ **원리**(原 理다스릴 리)
사물의 근본이 되는 이치

■ **원칙**(原 則법칙 칙)
원래 지켜야 할 기본적인 규칙

■ **원칙적**(原 則 的~할 적)
원칙에 따르는 것

■ **기원**(起일어날 기 原)
사물이 처음으로 생긴 근원

■ **원동력**(原 動움직일동 力힘력)
모든 일의 근원이 되는 힘

게임에 푹 빠져 공부를 소홀히 한 원인이 크죠.

사실 수학을 잘하면 컴퓨터 게임의 전략을 더 잘 세울 수 있대요.

이 사실을 원동력 삼아 수학 공부를 한다면 더 재미있을 거예요.

원동력은 모든 일의 근원이 되는 힘을 말하거든요.

모든 일은 인(因)과응보대로!

인하다는 어떤 일이 원인이 되다는 뜻인데 '인하여'라는 꼴로 많이 쓰여요. "나의 실수로 인하여 사건이 벌어졌다." 등의 표현으로 쓰지요. 그런데 인하여를 빼도 문장의 뜻이 통하기 때문에 꼭 쓸 필요는 없어요. 기인하다는 어떤 것에 원인을 두다는 뜻이에요.

원인이 되는 하나하나는 인자라고 해요. 환경 인자, 유전 인자 등으로 쓰지요.

인습은 이전부터 내려오는 낡은 습관, 인연은 사람들 사이에 맺어지는 관계예요. 인과응보는 원인과 결과가 서로 응답한다는 뜻으로, 좋은 일에는 좋은 결과가 나쁜 일에는 나쁜 결과가 따름을 이르는 말이지요.

'인할 인(因)' 자를 뒤에 붙여 다양한 낱말을 만들 수 있어요.

어떤 일이 일어나는 데 필요한 원인은 요☐이라고 해요.

병의 원인은 병☐, 죽게 된 원인은 사☐, 싸움에서 패한 원인은 패☐이에요. 어떤 일을 일으키거나 사물을 움직이게 하는 직접적인 원인은 '움직일 동(動)' 자를 써서 동인이고요.

여자들에게는 글을 가르칠 필요가 없어!

맞아!

이런 **인습**을 끊어 버려야 해.

- **인(因** 말미암을 인)**하다**
  어떤 일의 원인이 되다
- **기인(起因)하다**
  어떠한 것에 원인을 두다
- **인자(因 子** 아들 자)
  원인이 되는 하나하나
- **인습(因 習** 익힐 습)
  이전부터 내려오는 습관
- **인연(因 緣** 인연 연)
  사람들 사이에 맺어지는 관계
- **인과응보(因 果** 결과 과 **應** 응할 응 **報** 갚을 보)
  원인과 결과가 서로 응답한다는 뜻으로 좋은 일에는 좋은 결과가 나쁜 일에는 나쁜 결과가 따름을 이르는 말
- **요인(要** 중요할 요 **因)**
  어떤 일이 일어나는 데 필요한 원인
- **병인(病** 병 병 **因)**
  병의 원인
- **사인(死** 죽을 사 **因)**
  죽게 된 원인
- **패인(敗** 패할 패 **因)**
  싸움에서 패한 원인
- **동인(動** 움직일 동 **因)**
  어떤 일을 일으키거나 사물을 움직이게 하는 직접적인 원인

| | 원 리 | 기 | | 사 | 인 연 | 인 과 응 보 |
| 기 원 | 칙 | 인 자 | 요 인 | 습 | | |

원인에 따른 결과

결과

아까 아이스크림을 많이 먹은 **결과**는 배탈이로구나!

밤에 지려고 하는데, 배가 살살 아파 와요. 왜 그럴까 곰곰이 생각해 보았더니 아까 낮에 덥다고 아이스크림을 너무 많이 먹은 거예요. 아이스크림을 맛있게 먹을 때는 이런 결과를 전혀 예상하지 못했어요. 이때 아이스크림을 너무 많이 먹은 것이 원인, 배가 아픈 것은 결과이지요. 이렇게 어떤 원인으로 생긴 것이 결과예요. 원인과 결과를 한 낱말로 말할 때는 한 자씩 따서 인과라고 하지요.

일이 맺어지고 묶이는 맺을 결(結)

결(結)은 어떤 일이 맺어지고 묶이는 것을 뜻해요.

일을 맺는 끝은 결말이고, 완전하게 끝을 맺었다면 완결, 어떤 결말에 이르렀다면 귀결이에요. 완결과 귀결은 '~하다', '~되다'를 붙여 '완결하다, 완결되다, 귀결하다, 귀결되다'라는 말로 많이 쓰이지요. 어떤 일이 알맞고 자연스럽게 귀결되었다면 결과적으로 다행스러운 일이에요.

약속이나 계약을 맺는 것은 체결이라고 해요. 체결은 같은 뜻의 두 한자가 만나 이루어진 낱말이에요. 체(締)와 결(結) 모두 '맺는다'는 뜻이거든요. 체결은 나라 사이에 공식적으로 조약이나 협정을

結	果
맺을 결	결과 과
어떤 원인으로 생긴 것	

■ **인과**(因인할 인 果)
원인과 결과

■ **결말**(結 末끝 말)
일을 맺는 끝

■ **완결**(完완전할 완 結)
완전하게 끝을 맺음

■ **귀결**(歸돌아갈 귀 結)
어떤 결말에 이름

■ **결과적**(結 果 的~할 적)
어떤 원인으로 생기는 결말의
상태로 되는

■ **체결**(締맺을 체 結)
얽어서 맺음

맺을 때 많이 사용하는 말이지요. 또 남녀가 부부 관계를 맺는 것을 결혼이라고 하잖아요. 여기서 결(結) 자는 '묶는다'는 뜻으로 쓰여요.

☐속은 하나가 되게 묶는 것, ☐합은 둘 이상이 서로 합해져서 하나가 되는 것, 연☐은 서로 이어져서 묶이는 것, 직☐은 사이에 다른 것이 끼어들지 않고 서로 직접 연결된다는 뜻이에요.

이 일의 결과 과(果)

과(果)는 '결과, 결실'이라는 뜻을 가지고 있어요.
효과는 좋은 결과, 성과는 이루어 낸 결실이에요.
모든 일에는 원인과 결과가 있게 마련이에요. 어떤 일이 일어난 데에는 그 이유가 있고 그에 따라 결과가 나타나지요. 그래서 원인과 결과는 실과 바늘처럼 떼려야 뗄 수 없는 사이예요.
더욱이 원인과 결과는 단순히 한 가지 일의 원인과 결과로 끝나지 않고 꼬리에 꼬리를 물고 계속 이어져서 나타나기도 해요. 어떤 일이 원인이 되어 결과가 되고, 그 결과가 다시 원인이 되어 또 다른 결과로 나타나는 거지요. 이러한 원인과 결과의 관계를 인과 관계라고 해요.
찬 것을 너무 많이 먹거나, 식사량을 지나치게 늘릴 경우 또는 상한 음식을 먹었을 때 소화 기관에 이상이 생기고, 그 결과 배가 아프기 마련이지요.

결혼(結 婚혼인할 혼) 남녀가 부부 관계를 맺음
결속(結 束묶을 속) 하나가 되게 묶음
결합(結 合합할 합) 둘 이상이 서로 합해져서 하나로 묶임
연결(連잇닿을 연 結) 서로 이어져서 묶임
직결(直곧을 직 結) 사이에 다른 것이 끼어들지 않고 서로 직접 연결됨
효과(效본받을 효 果) 좋은 결과
성과(成이룰 성 果) 이루어 낸 결실
인과 관계(因果 關관계할 관 係맬 계) 꼬리에 꼬리를 물고 계속 이어져서 나타나는 원인과 결과의 관계

① 공통으로 들어갈 낱말을 쓰세요.

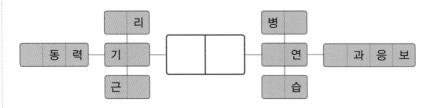

| 원인 |
| 근원 |
| 원리 |
| 원칙 |
| 원칙적 |
| 기원 |
| 원동력 |
| 인하다 |
| 기인하다 |
| 인자 |
| 인습 |
| 인연 |
| 인과응보 |
| 요인 |
| 병인 |
| 사인 |
| 패인 |
| 동인 |

② 주어진 낱말을 넣어 문장을 완성하세요.

1) 요 / 인 / 빈   두 사람의 질긴 ☐☐은 결국 두 나라 간이 전쟁을 불러일으키는 ☐☐이 되었다.

2) 기 / 원 / 동 / 력   사물이 처음으로 생긴 근원은 ☐☐, 모든 일의 근원이 되는 힘은 ☐☐☐이다.

3) 원 / 리 / 칙   다이어트의 ☐☐를 이해하고 운동의 ☐☐을 질 지키면 다이어트에 성공할 수 있을 거야!

4) 인 / 과 / 응 / 보 / 습   낡은 ☐☐을 고수하면서 악행을 저지르더니, ☐☐☐☐군.

③ 문장에 어울리는 낱말을 골라 ○표 하세요.

1) 시험 점수가 떨어진 (원인 / 원칙)을 찾아야 해!

2) 생명의 (기인 / 기원)은 무엇일까?

3) 지난번 경기에서의 (병인 / 패인)을 분석해서 이번엔 꼭 이길 거야!

4) 질병을 일으키는 유전 (인습 / 인자)를 찾았대.

1 공통으로 들어갈 낱말을 쓰세요.

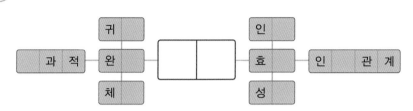

과 적 | 귀 / 완 / 체

인 / 효 / 성

인 관 계

| 결과 |
| 인과 |
| 결말 |
| 완결 |
| 귀결 |
| 결과적 |
| 체결 |
| 결혼 |
| 결속 |
| 결합 |
| 연결 |
| 직결 |
| 효과 |
| 성과 |
| 인과 관계 |

2 주어진 낱말을 넣어 문장을 완성하세요.

1) 완 / 결 말
이 이야기는 행복한 ☐☐로 그간의 시리즈를 ☐☐지었어.

2) 성 / 효 과
집중력을 높이기 위해 ☐☐가 좋다는 명상을 했더니 정말로 성적이 오르는 ☐☐가 있었어.

3) 직 / 결 속
환경 오염은 우리의 생명과 ☐☐되는 문제이니, 인류가 ☐☐해서 힘을 합쳐 환경을 지켜내야 해.

4) 결 / 인 과 관 계
원인과 ☐☐의 관계를 ☐☐☐☐라고 한다.

3 문장에 어울리는 낱말을 골라 ○표 하세요.

1) 두 점 사이를 (연결 / 직결)하면 선이 된다.

2) 원래 그러려고 했던 것은 아닌데 (결과적 / 결속적)으로 잘 되었어!

3) 그 약은 두통에 (효과 / 성과)가 있나요?

4) 두 기업이 상호 협조하기로 계약을 (귀결 / 체결)했다는 소식입니다.

절대 변하지 않는 법칙

법 칙

> 내가 사과 떨어지는 걸 보고 만유인력의 **법칙**을 발견했지!

법칙은 '법 법(法)'과 '법칙 칙(則)', 두 글자가 합쳐진 말로 어떤 일정한 조건 아래서 반드시 이루어지는 규칙을 말해요. 사과나무에 있는 사과가 떨어지는 것을 보고 만유인력의 법칙을 발견한 뉴턴의 이야기를 들어 봤지요? 모든 물체 사이에는 서로를 끌어당기는 힘이 있다는 이 이론은 절대 변하지 않아요. 그래서 우리는 법칙이라는 단어를 더해 '만유인력의 법칙'이라고 부르고 있어요.

반드시 지켜야 하는 법(法)

아주 먼 옛날에도 법이 있었을까요? 네, 있었어요. 사람들이 한데 모여 살면서 지켜야 할 것들이 생겨났기 때문에 규칙을 정하게 되었지요. 이 규칙이 바로 법이에요. 법은 사회의 질서를 유지하고 여러 사람이 안전하고 편리하게 살 수 있도록 도와줘요. 그러니까 법을 잘 지켜야겠지요.

그럼 빈칸에 법(法)을 넣어 보면서 법에 대한 낱말을 알아볼까요?

나라의 규율은 ☐률, 법률과 명령은 ☐령이에요.

법의 규범이라는 뜻의 ☐규도 있고요.

하지만 뭐니 뭐니 해도 한 나라의 최고 법은 헌법이에요. 헌법은 국가

法 법 법   **則** 법칙 칙

어떤 일정한 조건 아래서
이루어지는 방식이나 규칙

- **법률(法 律**법칙률**)**
나라의 규율
- **법령(法 令**하여금 령**)**
법률과 명령
- **법규(法 規**법 규**)**
법의 규범
- **헌법(憲**법 헌 **法)**
한 나라의 최고 법으로 나라 통치의 기본 방침 / 국민의 권리와 의무 등에 관하여 정하는 최고의 법
- **법도(法 度**법도 도**)**
생활할 때의 예절과 제도
- **기법(技**재주 기 **法)**
기묘한 솜씨를 나타내는 방법

구성에 관한 기초가 되고, 국민의 기본 권리를 보장하는 법이지요.

그 외에도 예절과 제도를 뜻하는 법도가 있어요. 양반의 법도, 집안의 법도 등의 표현으로 쓰여요.

법(法)이 '방법'이라는 뜻으로 쓰이는 경우도 있어요.

기묘한 솜씨를 나타내는 방법은 기법, 비밀리에 하는 방법은 비법이에요.

자신만의 독특한 방법으로 그림을 그렸다면 기법을 부린 것이고, 맛있는 자장면을 만드는 방법을 아무에게도 알려 주지 않는다면 비법을 숨기고 있는 거예요.

우리가 흔히 쓰는 낱말에 법(法) 자만 끝에 붙여도 쉽게 낱말을 만들 수 있어요. 음식을 만드는 방법은 요리법, 또는 조리법이에요.

책을 읽는 방법은 독서법, 계산하는 방법은 계산법이에요.

어때요, 쉽지요?

사람들이 정한 법칙, 칙(則)

규칙은 여러 사람이 다 같이 지키기로 한 약속이나 법칙이에요.

학생이 지켜야 할 학교의 규칙은 교칙,

학교의 여러 가지 규칙은 학칙이에요.

교칙은 학생의 입장에서 지켜야 할 것이고,

학칙은 학교의 입장에서 지켜야 할 것이지요.

원칙은 원래 지켜야 할 기본적인 규칙을 말해요. 이러한 규칙이나 규정을 지키지 않는 것은 반칙이라고 하지요.

- **비법**(秘숨길 비 法)
  비밀리에 하는 방법
- **요리법**(料헤아릴 요 理다스릴 리 法)
- **= 조리법**(調고를 조 理法)
  음식을 만드는 방법
- **독서법**(讀읽을 독 書글 서 法)
  책을 읽는 방법
- **계산법**(計셀 계 算셈 산 法)
  계산하는 방법
- **규칙**(規則)
  사람들이 정한 약속이나 법
- **교칙**(校학교 교 則)
  학생이 지켜야 할 학교의 규칙
- **학칙**(學배울 학 則)
  학교의 여러 가지 규칙
- **원칙**(原근원 원 則)
  원래 지켜야 할 기본적인 규칙
- **반칙**(反돌이킬 반 則)
  경기의 규칙을 지키지 않는 것

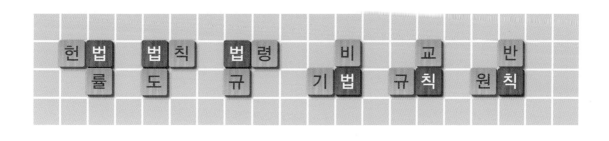

헌	법		법	칙		법	령		비		교			반
	률		도			규			기	법		규	칙	원	칙

가치를 평가해

청중 평가단이 지금 **평가** 중입니다.

오랫동안 소중하게 간직하고 있는 물건이 있나요? 어쩌면 그 물건은 가치를 평가할 수 없을지도 몰라요. 자신에게 정말 소중한 물건이라면 값어치를 따져서 얼마라고 말하기 어려우니까요. 하지만 대부분의 물건은 가격으로 평가를 해 놓았어요. 평가는 값을 헤아려 매긴다는 뜻이에요. 평가는 가치, 수준 등도 포함해요. 그래서 노래 경연을 할 때 노래에 대한 가치도 평가할 수 있지요.

좋은지 나쁜지, 옳은지 그른지 평하는 평(評)

신문이나 뉴스에서 '평할 평(評)'이 들어간 낱말을 많이 볼 수 있어요. 주로 평가한다는 뜻으로 평한다고 말해요.

어떤 사건이 벌어지면 전문가들이 모여서 그 사건에 대하여 이야기를 나누어요. 이렇게 어떤 상황에 대하여 평가하여 논하는 것을 평론이라고 해요. 평한 내용을 글로 쓴 것도 평론이에요. 평론을 전문으로 하는 사람은 평론가라고 하지요.

좋은지 나쁜지, 옳은지 그른지 분석해서 가치를 논하는 것은 비평이에요. 평론가의 날카로운 비평을 들으면 마음이 뜨끔하지요.

일정한 형식 없이 만화를 통해서 사회를 비평하는 것은 만평이라고 해요.

評 평할 평 | **價** 값 가

값을 헤아려 매김

- **가치**(價값 가 値값 치)
  = **값어치**
  사물이 지니고 있는 쓸모
- **평론**(評 論논할 론)
  어떤 상황에 대하여 평하여 논하는 것
- **평론가**(評論 家사람 가)
  평론을 전문으로 하는 사람
- **비평**(批비평할 비 評)
  분석해서 가치를 논하는 것
- **만평**(漫흩어질 만 評)
  인물이나 사회를 비평해서 그리는 만화

주로 신문에서 볼 수 있는데 정치적 인물이나 사회 현실을 비판하고
분석하는 내용의 만화예요.

"그 사람 평판이 어때요?" 하면 세상 사람들이 그 사람에 대해 어떻게
생각하는지 물어보는 거예요.

평판은 세상 사람들의 비평이
지요.

어떤 영화를 보기 전에 평론가
의 평가가 궁금하면, 인터넷을
통해 평론가들의 평점을 찾아
보세요. 평해서 매긴 점수를 평
점이라고 하거든요. 그 영화를
좋게 평가했으면 호평, 나쁘게 평가했으면 악평이라고 해요.

가치와 가격을 매기는 가(價)

무엇을 평가할 때에는 가치관을 가지고 평가해야 해요. 가치관은 가치
에 대한 관점이라는 뜻으로, 이 세상의 모든 것을 생각하고 대하는 태
도를 말해요. 가치관은 평가의 근본적인 태도라고 할 수 있지요.

가치와 가격을 뜻하는 가(價)가 들어간 낱말을 알아봐요.

주식이나 주권의 가격은 주☐, 물건의 가격은 물☐예요.

원☐는 처음 상품을 만든 곳에서 사올 때의 원래의 가격이고,
정☐는 정해진 가격이지요.

물건을 사고 대신 내는 값이나 일을 하고 받는 돈은 대가예요.
대가는 어떤 결과를 얻기 위해 하는 노력이나 희생도 뜻해요.

평판(評 判판단할판)
세상 사람들의 비평

평점(評 點점점)
평해서 매긴 점수

호평(好좋을호 評)
좋게 평가함

악평(惡악할악 評)
나쁘게 평가함

가치관(價 値 觀볼관)
이 세상의 모든 것을 생각하고
대하는 근본적인 태도

주가(株그루주 價)
주식이나 주권의 가격

물가(物물건물 價)
물건의 가격

원가(原근원원 價)
처음 상품을 만든 곳에서 사올
때의 원래 가격

정가(定정할정 價)
정해진 가격

대가(代대신할대 價)
물건을 사고 대신 내는 값이나
일을 하고 받는 돈

씨낱말
블록 맞추기

법 칙

1 공통으로 들어갈 낱말을 쓰세요.

계 산 ── 헌 / 도 ── □□ ── 규 / 교 ── 반

법칙
법률
법령
법규
헌법
법도
기법
비법
요리법
조리법
독서법
계산법
규칙
교칙
학칙
원칙
반칙

2 주어진 낱말을 넣어 문장을 완성하세요.

1) 반 / 규 칙
스포츠는 경기 □□ 을 잘 지켜서 승리해야지, 심하게
□□ 을 하는 것은 스포츠 정신에 어긋나는 일이다.

2) 독 / 서 / 계 산 법
책을 읽는 방법은 □□□ ,
계산을 하는 방법은 □□□ 이다.

3) 헌 법 / 률
한 나라의 기초가 되는 최고 법은 □□ ,
법으로 정한 나라의 규율은 □□ 이다.

4) 학 / 교 칙
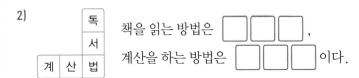
우리 학교의 □□ 에는 학생이 인권을 보호해야 한다
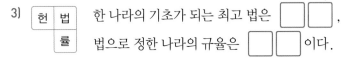
고 정해 두었고, □□ 에 학생은 아르바이트를 하기 전
보호자의 허락을 받아야 한다고 정해 두었다.

3 문장에 어울리는 낱말을 골라 ○표 하세요.

1) 고려 시대의 상감 청자는 상감법이라는 독특한 (기법 / 헌법)으로 만들
어졌어.

2) 농구 경기에서는 다섯 번 (반칙 / 규칙)한 선수는 퇴장시킨다는
(반칙 / 규칙)이 있어.

3) 그 식당의 (요리법 / 독서법)은 주방장 말고 아무도 모른대.

4) 학생들의 투표로 교복 자율화에 대한 (학칙 / 법칙)을 바꾸었다.

평가

1 공통으로 들어갈 낱말을 쓰세요.

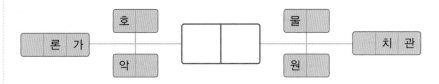

평가
가치
값어치
평론
평론가
비평
만평
평판
평점
호평
악평
가치관
주가
물가
원가
정가
대가

2 주어진 낱말을 넣어 문장을 완성하세요.

1)
악
평론가

권위 있는 한 영화 ☐☐☐ 는 최근 개봉한 유명 감독의 영화에 대해 ☐☐ 을 쏟아 냈다.

2)
정
물가

☐☐ 가 오르다 보니, 물건의 ☐☐ 도 올랐다.

3)
대 가치관

☐☐ 는 어떤 결과를 얻기 위해 하는 노력이나 희생을 뜻하고, ☐☐☐ 은 이 세상의 모든 것을 생각하고 대하는 태도를 말한다.

4)
만
비평

만화가가 일정한 형식 없이 만화를 통해 사회를 ☐☐ 하는 것을 ☐☐ 이라고 한다.

3 문장에 어울리는 낱말을 골라 ○표 하세요.

1) 옷 가게 주인은 (원가 / 물가)가 5천 원인 옷을 팔아서 이익을 많이 남길 수 있도록 (정가 / 주가)를 정하기로 했다.

2) 가온이는 동네 사람들에게 효녀라는 (평판 / 평점)을 얻고 있어요.

3) 그 영화 꼭 보고 싶어! 모두들 (호평 / 악평)을 아끼지 않았기 때문이지.

4) 선생님은 학생들에게 올바른 (가치관 / 가치)을(를) 심어 주어야 합니다.

"청기 올려! 백기 내리고!" 청기백기 게임을 하고 있어요. 신나게 팔을 상하로 움직이네요. 상하는 위와 아래를 아울러 이르는 말이에요. 위를 뜻하는 '윗 상(上)'과 아래를 뜻하는 '아래 하(下)'가 합쳐진 말이지요. 상(上)과 하(下)가 들어가는 낱말들은 위와 아래, 올리다, 내리다 등 여러 가지 뜻으로 쓰여요.

위와 아래를 뜻하는 상하(上下)

위와 아래의 뜻으로 쓰이면서 짝이 되는 낱말들부터 알아볼까요?

> 위쪽 부분은 상부 ↔ 아래쪽 부분은 하부
> 위로 올라가는 것은 상승 ↔ 아래로 내려가는 것은 하강
> 물체나 신체의 윗부분은 상체 ↔ 물체나 신체의 아랫부분은 하체
> 위쪽을 향하는 것은 상향 ↔ 아래쪽을 향하는 것은 하향
> 땅 위는 지상 ↔ 땅속은 지하
> 수량이 범위에 포함되면서 그 위인 경우는 이상
> ↔ 수량이 범위에 포함되면서 그 아래인 경우는 이하

上	下
윗 상	아래 하
위와 아래	

■ **상부**(上 部떼 부)
위쪽 부분

■ **하부**(下 部)
아래쪽 부분

■ **상승**(上 昇오를 승)
위로 올라감

■ **하강**(下 降내릴 강)
아래로 내려옴

■ **상체**(上 體몸 체)
물체나 신체의 윗부분

■ **하체**(下 體)
물체나 신체의 아랫부분

■ **상향**(上 向향할 향)
위쪽을 향함

■ **하향**(下 向)
아래쪽을 향함

■ **지상**(地땅 지 上)

66

온도계 눈금이 0℃ 위의 온도, 즉 0℃ 이상은 영상이고, 눈금이 0℃ 아래의 온도, 즉 0℃ 이하는 영하라고 해요. 일기 예보에서 가끔 "영하의 날씨가 계속된다."거나 "기온이 영상으로 올랐다."고 말하잖아요. 이때는 0℃를 기준으로 위와 아래를 구분해 말하는 거예요.

다른 뜻으로도 쓰이는 상(上)과 하(下)

위와 아래의 뜻은 아니지만, 상(上)과 하(下)가 함께 짝을 이루는 낱말들도 있어요.

도서관에서 재미있는 만화책의 상권을 읽었는데, 하권이 대출 중이면 굉장히 아쉽겠죠? 상권은 두 권이나 세 권으로 된 책의 첫째 권을 말하고, 하권은 그중의 맨 끝 권이에요.

상과 하가 '좋다', '나쁘다'의 뜻으로 쓰이는 경우도 있어요.

가장 좋은 대책이나 방책은 상책, 가장 나쁜 대책이나 방책은 하책이라고 해요.

'올리다', '내리다'의 뜻으로 쓰이는 상(上)과 하(下)도 있어요.

물건 값이나 요금을 올리는 것은 인상, 내리는 것은 인하지요.

상수는 사람들이 마실 수 있는 깨끗한 물, 하수는 사람들이 쓰고 버린 더러운 물이에요. 여기에서는 '상'은 깨끗하고 맑다는 뜻을, '하'는 더럽다는 뜻을 숨기고 있네요.

용돈은 똑같은데 떡볶이 값이 **인상**되면…

원조 떡볶이

떡볶이 인상
2,500원 ⇒3,000원

- **지하**(地下)
  땅속
- **이상**(以써이 上)
  수량이 범위에 포함되면서 그 위인 경우
- **이하**(以 下)
  수량이 범위에 포함되면서 그 아래인 경우
- **영상**(零떨어질 영 上)
  0℃ 이상의 온도
- **영하**(零 下)
  0℃ 이하의 온도
- **상권**(上 卷책 권)
  여러 권으로 된 책의 첫째 권
- **하권**(下卷)
  여러 권으로 된 책의 맨 끝 권
- **상책**(上 策꾀 책)
  가장 좋은 대책이나 방책
- **하책**(下策)
  가장 나쁜 대책이나 방책
- **인상**(引끌 인 上)
  물건 값이나 요금 등을 올리는 것
- **인하**(引 下)
  물건 값이나 요금 등을 내리는 것
- **상수**(上 水물 수)
  사람들이 마실 수 있는 깨끗한 물
- **하수**(下水)
  사람들이 쓰고 버린 더러운 물

| 상 부 | | 지 | | | 영 | 하 부 | 이 하 | 인 하 |
| 승 | | 상 향 | | 이 상 | | 향 | | 권 | | 책 |

특별에서 이별까지

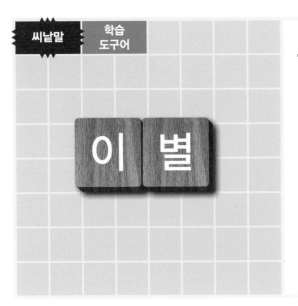

> 우리 이제 완전히 **이별**했어요. 이제 **특별**한 사이 아니에요?

이런, 고등어 양과 꽁치 군이 헤어졌네요. 잘 어울리는 커플이었는데요. 이렇게 서로 헤어진다고 할 때는 이별이라는 말을 써요. 이(離)는 '떠나다, 떼놓다'라는 말이고, 별(別)은 '다르다, 나누다'라는 뜻이에요. 그러니까 둘 중 하나가 멀리 떠나거나, 아니면 서로 마음이 떠나서 따로따로가 된다는 것이죠. 결국 이별은 갈려 떨어진다는 말이에요.

떠나갈 때는 떠날 이(離)

우리나라에는 전쟁과 분단 때문에 가족들과 헤어져서 60년 넘게 서로 만나지 못하는 이산가족들이 있어요. 여기서 이산은 떠난다는 뜻의 이(離)와 흩어진다는 뜻의 산(散)이 만나, 헤어져 흩어졌다는 뜻이에요. 이산가족은 서로 헤어져 흩어진 가족이라는 말이죠.
이처럼 떠나가거나 떨어질 때는 '떠날 이(離)'가 붙어요.
빈칸을 채우며 떠난다는 뜻이 있는 말들을 더 알아볼까요?
농민이 농사일을 그만두고 농촌을 떠나면 ☐농,
직장이나 직업을 그만두고 떠나면 ☐직,
비행기가 날기 위하여 육지를 떠나 떠오르면 ☐륙,

離 떠날 이 | 別 다를 별
서로 갈리어 떨어짐

- **이산**(離 散흩어질 산)
  헤어져 흩어짐
- **이산가족**(離 散 家집 가 族 겨레 족)
  서로 헤어져 흩어진 가족
- **이농**(離 農농사 농)
  농민이 농사일을 그만두고 농촌을 떠남
- **이직**(離 職직업 직)
  직장이나 직업을 그만둠
- **이륙**(離 陸뭍 육)
  비행기가 날기 위하여 육지 위로 떠오르는 것
- **이탈**(離 脫벗을 탈)
  어떤 무리나 테두리에서 벗어나는 것

어떤 무리나 테두리에서 떨어져 벗어난 것은 ☐탈이에요.
젖을 떼는 시기의 아기에게 먹이는 젖 이외의 부드러운 음식은 이유식이라고 해요.
그러면 부부가 헤어져 남이 되는 것은 무엇이라 할까요? 맞아요. 이혼이라고 하지요.

어린 코끼리 한마리가 무리에서 **이탈**했다고 합니다. 젖을 뗀 후에 주어진 이유식에 불만을 품고 가출을 한 것으로 예상됩니다.

코끼리 이탈

News

헤어져서 별(別), 특별해서 별(別)!

사실 이별에도 별별 종류가 다 있어요.
다시 만나지 않을 마음으로 아주 이별하면 결별이라고 해요.
너무나 애틋하게 어쩔 수 없이 이별하면 석별, 가족이 함께 살다가 떨어져 살면 별거,
어르신들이 죽음을 맞이해 세상과 이별하는 것은 별세라고 하지요.
별(別)은 '따로', '다른'의 뜻도 갖고 있어요. 그래서 특별하다고 할 때도 별(別)을 써요.
특별은 보통과 뛰어나게 다르다는 거예요. 특별한 것은 금방 구별이 되죠? 구별은 성질이나 종류에 따라 차이가 나는 것을 말해요. 성질이나 종류에 따라 갈라놓은 것도 구별이지요.
특별하게 좋은 맛은 별미, 시청 별관처럼 본관 외에 따로 지은 건물은 별관, 살고 있는 집 외에 경치 좋은 곳에 따로 지어 때때로 묵으면서 쉬는 집은 별장이에요.

■ **이유식**(離 乳젖 유 食먹을 식)
젖을 떼는 시기의 아기에게 먹이는 음식

■ **이혼**(離 婚혼인할 혼)
부부가 헤어져 남이 되는 것

■ **결별**(訣이별할 결 別)
다시는 만나지 않을 마음으로 아주 이별함

■ **석별**(惜아낄 석 別다를 별)
서로 애틋하게 이별함

■ **별거**(別 居살 거)
따로 떨어져 사는 것

■ **별세**(別 世세상 세)
어르신들이 죽음을 맞이해 세상과 이별하는 것

■ **특별**(特특별할 특 別)
보통과 뛰어나게 다름

■ **구별**(區구분할 구 別)
성질이나 종류에 따라 차이가 남 / 성질이나 종류에 따라 갈라놓음

■ **별미**(別 味맛 미)
특별하게 좋은 맛

■ **별관**(別 館집 관)
본관 외에 따로 지은 건물

■ **별장**(別 莊별장 장)
집 외에 따로 지어 때때로 묵으면서 쉬는 집

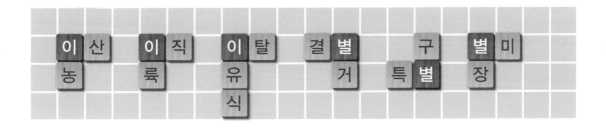

이산	이직	이탈	결별		구별미
농	륙	유	거	특별	장
		식			

1 공통으로 들어갈 낱말을 쓰세요.

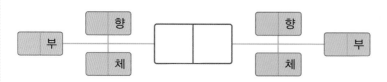

2 알맞은 낱말을 찾아 문장을 완성하세요.

1)
인
이	상

수량이 범위에 포함되면서 그 위인 경우는 ☐☐,
물건 값이나 요금 등을 올리는 것은 ☐☐이다.

2)
	지
영	상

온도계 눈금이 0℃ 위의 온도, 즉 0℃ 이상은 ☐☐,
땅의 위는 ☐☐이다.

3)
이	하
	권

수량이 범위에 포함되면서 그 아래인 경우는 ☐☐,
두 권이나 세 권으로 된 책의 맨 끝 권은 ☐☐이다.

3 문장에 어울리는 낱말을 골라 ○표 하세요.

1) 울타리의 (상부 / 하부)는 사람이 넘지 못하도록 철망이 둘러쳐져 있다.
2) 이번에 버스 요금이 (인상 / 인하)되면서 버스비가 200원 올랐다.
3) 힘들었던 지난날은 얼른 잊는 것이 (상책 / 하책)이다.

4 짝 지은 낱말의 관계가 [보기]와 다른 것을 고르세요. ( )

보기	상부 – 하부

① 상하 – 상승   ② 이상 – 이하   ③ 상체 – 하체
④ 지상 – 지하   ⑤ 상향 – 하향

상하
상부
하부
상승
하강
상체
하체
상향
하향
지상
지하
이상
이하
영상
영하
상권
하권
상책
하책
인상
인하
상수
하수

1 공통으로 들어갈 낱말을 쓰세요.

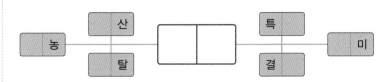

| 이별 |
| 이산 |
| 이산가족 |
| 이농 |
| 이직 |
| 이륙 |
| 이탈 |
| 이유식 |
| 이혼 |
| 결별 |
| 석별 |
| 별거 |
| 별세 |
| 특별 |
| 구별 |
| 별미 |
| 별관 |
| 별장 |

2 주어진 낱말을 넣어 문장을 완성하세요.

1) | 이 | 혼 |
   | 산 | |

   전쟁으로 헤어진 ☐☐ 가족을 찾습니다.

   그 부부는 ☐☐ 을 앞두고 있습니다.

2) | 이 | 유 | 식 |
   | 탈 | | |

   기차가 선로를 ☐☐ 하는 사고가 났다.

   생후 6개월이 되면 아기에게 ☐☐☐ 을 먹인다.

3) | 구 | 별 |
   | 미 | |

   이 가게 낙지가 ☐☐ 라는데 먹고 갈까? 그런데 낙지

   가 국내산인지 중국산인지 ☐☐ 할 수 있는 사람?

3 문장에 어울리는 낱말을 골라 ○표 하세요.

1) (이직 / 이농) 현상으로 인해, 농사짓는 사람들이 줄고 있대요.

2) 여기 바닷가에는 전직 대통령의 (별관 / 별장)이 있어.

3) 비행기가 (이탈 / 이륙)하자 몸이 붕 뜨는 것 같았어.

4) 어르신들이 죽음을 맞이해 세상과 이별하는 건 (별거 / 별세)라고 해.

5) 강아지 해피와의 (이별 / 구별)이 너무 가슴 아팠어.

4 다음 중 밑줄 친 '별'이 다른 의미로 쓰인 하나를 고르세요. (   )

① 특별   ② 별미   ③ 별장
④ 별관   ⑤ 별세

	1)			2)				5)			6)			
													7)	
	9)			3)				11)						
	10)				4)									8)
								12)						
	13)		14)		15)									
					16)									
									17)					
			19)		20)								23)	
		18)					21)				22)			

정답 | 142쪽

🔑 가로 열쇠

1) 많은 사람들이 다 같이 이용하도록 나라에서 만들어 둔 시설
3) 지구를 둘러싼 커다란 기체 덩어리, 공기
4) 어떤 일을 일으키거나 사물을 움직이게 하는 직접적인 원인
5) 구조에 관계되는, ○○적
10) 서로 이어져서 묶이는 것
12) 한 번 구성했던 것을 다시 새롭게 구성함
13) 좋은 일에는 좋은 결과가 나쁜 일에는 나쁜 결과가 따름
16) 지구가 온실 속에 있는 것처럼 더워지는 현상
17) 야구장에 그려진 선의 구역 밖   18) 원인과 결과
19) 풀 종류만 먹는 식성   21) 특별하게 좋은 맛
22) 이 세상의 모든 것들을 생각하고 대하는 태도

🔑 세로 열쇠

2) 시위를 하는 무리
6) 어떤 일에 딱 들어맞는 성질
7) 자랑하여 보임
8) 열로써 열을 다스림
9) 담배를 피우는 것을 금함
11) 열에너지로 날아다닐 수 있게 만든 기구
14) 지나치게 보살피고 지킴
15) 물체의 온도를 원래대로 지켜 주는 것
19) 정해진 기준을 지나침
20) 성의 구별
23) 움직이거나 일을 하는 장치

2장

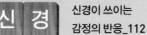

對 마주할 대

대립하지 말고
대화를 하라니까

노사 1차 협상

틈을 줘야 □답할 거 아냐… 우쒸!

자자, 우리 □화로 해결합시다. 그런데 왜 □답을 안 하세요??

위 그림의 빈칸에 공통으로 들어갈 말은 무엇일까요? (　　)

① 전　　　　② 대　　　　③ 응　　　　④ 문

맞아요, 정답은 ②번이에요. 대(對)는 '마주하다, 맞대다'라는 뜻을 갖고 있어요. 서로 마주하고 이야기하는 대화나 마주하여 답하는 내납은 모누 이런 뜻으로 '대' 자가 쓰였어요. 그러니까 대화를 하거나 대답을 할 때는 꼭 상대방을 마주 봐야 해요.

오른쪽에 있는 현미경 사진에서 '대물렌즈'를 찾아보세요.

네, (가)가 맞아요. 대물렌즈는 '물체를 마주하는 렌즈'를 말해요. (나)의 접안렌즈는 '접할 접(接)'에 '눈 안(眼) 자'를 써서 눈을 대서 보는 렌즈라는 뜻이지요.

그림 서로 마주하는 각을 이은 선은 무엇이라고 할까요? (　　)

① 맞선　　　② 마주선　　　③ 대각선　　　④ 대선

맞아요. 정답은 ③번, 대각선이죠.

對 마주할 대

■ 대화(對 話말할 화)
서로 마주하고 이야기를 함

■ 대답(對 答답할 답)
서로 마주하여 답함

■ 대물(對 物물건 물)렌즈
물체를 마주하는 렌즈

■ 접안(接접할 접 眼눈 안)렌즈
눈을 대서 보는 렌즈

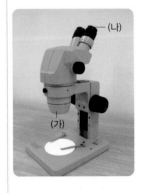

■ 대각선(對 角각각 線선 선)
마주하는 각을 이은 선

74

다음 빈칸에 들어갈 말을 순서대로 바르게 나열한 것은? (   )

일등 팀과 꼴찌 팀이라… 정말 □□되네요.

네, 실력이 □□해야 재밌는데 말이죠.

① 대조 – 대비   ② 대비 – 대조   ③ 대비 – 대등

對 맞댈 대

- **대비(對 比**비교할 비**)**
  맞대어 비교함
- **대비(對 比)되다**
  비교해 보니 차이가 많이 나다
- **대조(對 照**견주어볼 조**)**
  서로 달라 대비됨
- **대등(對 等**같을 등**)**
  서로 맞대어 비슷함
- **대척(對 蹠**밟을 척**)**
  서로 정반대의 입장이나 위치
  에 서 있음

정답은 ③번이에요. 대비는 견주어 비교한다는 말이에요.

비교해 보니 차이가 많이 날 때는 대비된다고 하지요.

대조도 대비와 비슷한 말이에요. 하지만 쓰임새는 약간 달라요. 서류 따위를 서로 비교해 보면서 같고 다름을 검토할 때는 '대조'라는 말만 쓸 수 있거든요.

대등은 서로 맞대어 봤을 때 비슷한 것을 말해요. 비슷하여 우열을 가릴 수 없는 대등한 경기를 보면 참 재미있잖아요.

조선 시대에 정조 임금과 정반대 편에 서서 끊임없이 정조를 괴롭혔던 인물이 있었는데요, 바로 정순 왕후예요.

정조와 정순 왕후의 관계를 가장 잘 나타내는 말은 다음 중 무엇일까요? (   )

① 대비   ② 대로   ③ 대척   ④ 대등

정 조

정순 왕후

크으응~

정답은 ③번, 대척이에요.

대척은 마주 서서 땅을 밟고 있는 상황을 나타내는 말로, 서로 정반대의 입장이나 위치에 서 있는 것을 뜻하죠.

<table>
<tr><td>對</td><td>맞설 대</td></tr>
</table>

■ 대결(對 決결정할 결)
맞서서 누가 나은지 우열이나
승패를 가림
■ 대립(對 立설 립)
의견이나 입장이 맞섬
■ 대항(對 抗막을 항)
맞서서 버팀
■ 대적(對 敵원수 적)
적과 맞섬
■ 적대(敵對)
적으로 대함
■ 대응(對 應응할 응)
맞서 응함
■ 대책(對 策꾀 책)
대응하는 방법이나 생각
■ 대처(對 處처리할 처)
대응하여 처리함
■ 대비(對 備준비할 비)
대응하여 준비함

두 사람이 퀴즈 □□에서 팽팽한 신경전을 벌이고 있어요.
위의 빈칸에 들어갈 말은 무엇일까요? (   )

① 대화   ② 대결   ③ 대립   ④ 대적

정답은 ②번이지요.

대결은 서로 맞서서 누가 나은지 결정하는 것을 말해요.

여기서 대(對)는 마주한 상대와 '맞서다'라는 뜻으로 쓰였어요.

대립은 의견이나 입장이 달라서 맞서는 것이에요. 맞서서 물러서지

않고 버티면 대항, 적과 맞서 겨루면 대적이지요.

모두 맞서다는 뜻의 '대'로 이루어진 말이에요.

그럼 적대는 무슨 뜻일까요? 적으로 대한다는 말이지요.

글자 순서를 바꾸니 그 뜻이 달라졌지요?

대응은 어떤 일이나 사태에 응하여 맞서
는 것, 대응하는 방법은 대책이에요.

대응의 뜻을 생각하면서 다음 빈칸을
채워 보세요.

대응하여 처리하는 것은 □처,

대응하여 준비하는 것은 □비예요.

완성된 낱말은 대처, 대비겠지요.

상대는 마주 대한다는 뜻이에요. 그래서 마주 대하는 사람을 가리키기도 하고, 서로 겨룬다는 뜻도 되지요. 여기서 대(對)는 '대하다'라는 뜻이지요.

네가 내 **상대**가 될 거 같아? 넌 내 한 방이면 끝이야.

상대에서 상대적이라는 말이 나왔어요. 마주 대하는 사람에 따라 내가 커 보이기도 하고, 작아 보이기도 하지요. 이런 걸 상대적이라고 해요. 상대와 비교되는 관계에 있다는 뜻이에요.

그럼 대일 정책이라고 할 때 대일은 무슨 뜻일까요?

맞아요, '일본을 대하는 정책'이라는 뜻이에요. '일본에 대(對)한 정책'이라고도 해요. 그럼 미국을 대하는 정책은 대미 정책이겠지요. 마찬가지로 나라나 사회의 바깥쪽에 대한 정책은 □□ 정책, 안쪽에 대한 정책은 □□ 정책이지요.

> 위의 빈칸에 들어갈 말을 순서대로 짝지은 것은 무엇일까요?
>
> ( )
>
> ① 대내 – 대일 ② 대외 – 대내 ③ 대외 – 대미

맞아요, 정답은 ②번이에요. 밖에 대한 것은 대외, 안에 대한 것은 대내지요. 그리고 다른 사람을 대하는 것은 대인, 다른 사람과의 관계는 대인 관계이고요.

對 대할 대

- **상대**(相 서로 상 對)
  서로 마주 대함
- **상대적**(相對 的 ~의 적)
  서로 맞서거나 비교되는 관계에 있는

🔔 **절대적**
상대적의 반대말은 절대적(絶 끊을 절 對的)이에요. 맞서거나 비교하지 않는다는 뜻이지요.

對 ~에 대한 대

- **대일**(對 日 일본 일)
  일본에 대한
- **대미**(對 美 미국 미)
  미국에 대한
- **대내**(對 內 안 내)
  나라와 사회의 내부에 대한
- **대외**(對 外 바깥 외)
  나라와 사회의 외부에 대한
- **대인**(對 人 사람 인)
  다른 사람에 대한
- **대인**(對 人) **관계**
  다른 사람과의 관계

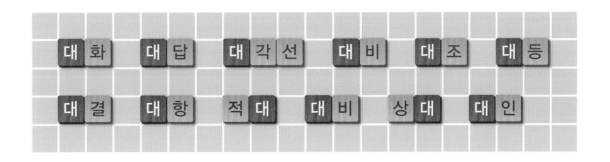

대화 대답 대각선 대비 대조 대등
대결 대항 적대 대비 상대 대인

마주할 대

대화

대답

대물렌즈

대각선

대비

대비되다

대조

대등

대척

대결

대립

대항

대적

① 공통으로 들어갈 한자를 따라 쓰세요.

화							상
비	각 선	對	물 렌 즈	적
적		마주할 대		인

② 어떤 낱말에 대한 설명인지 쓰세요.

1) 서로 마주하고 이야기를 함 ➡ ☐☐

2) 서로 맞대어 비슷함 ➡ ☐☐

3) 맞서서 누가 나은지 우열이나 승패를 가림 ➡ ☐☐

4) 서로에게 맞서거나 비교되는 관계에 있는 ➡ ☐☐☐

5) 다른 사람과의 관계 ➡ ☐☐ ☐☐

③ 알맞은 낱말을 찾아 문장을 완성하세요.

1) 묻는 말에 왜 ☐☐ 을 안 해?

2) 현미경 ☐☐ 렌즈를 재물대 위로 천천히 내리세요.

3) 모든 문제는 ☐☐ 로 해결할 수 있다.

4) TV 화면의 크기는 ☐☐☐ 길이를 기준으로 한다.

4 문장에 어울리는 낱말을 골라 ○표 하세요.

1) 우리나라의 (대미 / 대인) 수출 비중은 전체 수출의 15% 미만이다.

2) 이봐 김 형사! 이 서류 원본하고 (대척 / 대조)해 봐.

3) 그렇게 서 있지만 말고 빨리 (대응 / 대립) 방법을 찾아봐.

4) 일등 팀과 꼴찌 팀이라…. 이거 너무 (대조 / 대등)되는 거 아니야?

5 글의 내용과 가장 관련이 있는 낱말을 고르세요. (   )

> 우리나라 남성의 평균 키는 173cm입니다. 미국 남성의 평균 키인 178cm에 비하면 작은 편입니다. 하지만 아프리카 부시맨들의 평균 키인 150cm에 비하면 큰 편입니다.

① 상대적   ② 절대적   ③ 대내적   ④ 대외적

6 밑줄 친 부분을 뜻하는 낱말을 바르게 짝 지은 것을 고르세요. (   )

> 영희 : 너 그 사람과 너무 맞서는 거 아냐? 그래 봤자 너만 손해야.
> 철수 : 나도 그렇게 생각하는데, 어떻게 풀어야 할지 모르겠어.
> 영희 : 마주하고 이야기를 한번 해 봐.
> 철수 : 그런데 성격이 워낙 서로 달라 대비된다는 게 걱정이야.

① 대항 – 대화 – 대적

② 대적 – 대항 – 대조

③ 대립 – 대화 – 대조

④ 대화 – 대립 – 대조

| 적대 |
| 대응 |
| 대책 |
| 대처 |
| 대비 |
| 상대 |
| 상대적 |
| 절대적 |
| 대일 |
| 대미 |
| 대내 |
| 대외 |
| 대인 |
| 대인 관계 |

위 그림의 빈칸에 들어갈 말은 무엇일까요? (   )

① 탁   ② 망   ③ 감   ④ 첩

정답은 ③번이에요. 감(感)은 무언가를 느낀다는 말이죠.
둔감(鈍感)은 잘 느끼지 못한다는 말이고, 민감은 재빠르고 예민하
게 느낀다는 뜻이에요. 예민한 사람들은 어떤 일을 하기 전에 그 일
이 어떻게 될지 미리 느끼기도 해요. 이런 걸 예감이라고 해요.
마음뿐 아니라 몸으로도 느낄 수 있지요? 이런 걸 체감이라고 하죠.
온도는 온도계가 알려 주지만, 체감 온도는 몸이 느껴서 알려 주지요.

몸과 마음의 느낌이 아주 발달하면 '□□이 발달했다'고 해요.
빈칸에 들어갈 말은 무엇일까요? (   )

① 직감   ② 동감   ③ 교감   ④ 소감

정답은 ①번이에요. 직감은 어떤 것을 접했을 때 곧바로 드는 느낌이
지요. 아무 설명이나 증명 없이도 왠지 그럴 것 같은 마음을 말해요.

感　느낄 감

- **둔감**(鈍무딜둔 感)
  잘 느끼지 못함
- **민감**(敏재빠를민 感)
  재빨리 느낌
- **예감**(豫미리예 感)
  미리 느낌
- **체감**(體몸체 感)
  몸으로 느낌
- **체감**(體感) **온도**
  몸으로 느끼는 온도
- **직감**(直바로직 感)
  설명이나 증명 없이도 곧바로
  느낌

동감은 다른 사람과 똑같이 느끼는 거예요. 교감은 느낌을 서로 주고받는다는 뜻이지요.

'자연과 교감한다'라고 하면 자연과 느낌을 서로 나누듯이 하나로 어우러진다는 뜻이지요.

소감은 느낀 바, 즉 '느낌'을 말해요.

'감상'과 비슷한 말이죠. 감상도 생각과 느낌을 뜻하거든요.

感 느낄 감

■ **동감**(同 같을 동 感)
똑같이 느낌

■ **교감**(交 주고받을 교 感)
느낌을 서로 주고받음

■ **소감**(所 바 소 感)
= **감상**(感 想 생각 상)
느낀 바, 느낌

■ **원근감**
(遠 멀 원 近 가까울 근 感)
멀고 가까운 거리의 느낌

■ **촉감**(觸 닿을 촉 感)
= **감촉**
피부로 접촉했을 때의 느낌

■ **질감**(質 바탕 질 感)
재료나 재질의 느낌

■ **계절감**(季 계절 계 節 마디 절 感)
계절의 변화에서 오는 느낌

■ **리듬감**(rhythm 感)
일정한 규칙에 따라 반복되는 리듬의 느낌

밀레의 〈만종〉이라는 그림을 보면, 지평선이 아주 멀리 있다는 것을 확실히 느낄 수 있어요. 이렇게 멀고 가까운 거리의 느낌을 원근감이라고 해요.

손으로 만져서 접촉했을 때의 느낌은 무엇이라고 할까요? (　　　)

① 동감　　　② 감상　　　③ 직감　　　④ 촉감

정답은 ④번, 촉감이에요. 비슷한 말로 감촉이라고도 해요.

찰흙을 만지면 어떤 느낌이 드나요?

부드럽고 촉촉하면서 말랑말랑한 느낌이죠.

이처럼 재료나 재질에서 오는 느낌을 질감이라고 해요.

그럼 빈칸을 채우면서 나머지 낱말들도 익혀 볼까요?

계절의 변화에서 오는 느낌은 계절☐이에요. 철 따라 바뀌는 사람들의 옷을 보면 계절감을 잘 느낄 수 있잖아요.

일정한 규칙에 따라 반복되는 리듬의 느낌은 리듬☐이라고 해요.

음악을 들을 때, 나도 몰래 발을 구르거나 손가락을 까딱거리는 것도 리듬감을 몸으로 느끼기 때문이에요.

| 感 | 느낄 감 |

- **감명**(感 銘새길 명)
마음속 깊이 느껴 새김
- **감탄**(感 歎칭찬할 탄)
마음 깊이 느껴 칭찬함
- **감사**(感 謝사례할 사)
고마움을 마음 깊이 느낌
- **감흥**(感 興흥겨울 흥)
흥겨운 느낌
- **호감**(好좋아할 호 感)
좋아하는 감정
- **반감**(反반대할 반 感)
반대하는 감정
- **우월감**
(優뛰어날 우 越넘을 월 感)
자신이 남보다 뛰어나다고
여기는 느낌
- **소외감**
(疏소통할 소 外바깥 외 感)
따돌림을 당한다는 느낌
- **유대감**(紐끈 유 帶띠 대 感)
서로 연결되어 있다는 느낌
- **사명감**
(使좇을 사 命명령 명 感)
명령을 잘 좇아 수행하려는
마음

영화나 책을 보면 마음속에 오래 남는 장면들이 있죠? 그런 걸 감명
깊었다고 표현해요. 마음속 깊이 그 느낌이 새겨진다는 뜻이죠.
여기서 감(感)은 '마음 깊이 느끼는 것'을 말하지요.

> 운동 경기에서 보기 드물게 멋진 장면이 나오면 '우아!' 하고
> □□이 절로 나와요. 빈칸에 들어길 말은 무엇일까요? ( )
>
> ① 감탄 ② 감사 ③ 감흥

정답은 ①번, 감탄이에요. 마음 깊이 느껴 탄복하며 칭찬한다는 뜻이
에요. 감사는 마음 깊이 고마워하는 것, 감흥은 마음 깊이 흥겨움을 느
끼는 것이지요. '시적 감흥'은 시에서 느껴지는 흥겨운 느낌을 말해요.
이처럼 감(感)은 감정이나 느낌을 뜻하기도 해요.
빈칸을 채우며 읽어 볼까요?
좋아하는 감정은 호□, 반대하는 감정은 반□,
남보다 뛰어나다고 여기는 것은
우월□, 따돌림을 당한다는
느낌은 소외□이에요.
완성된 낱말은 호감, 반감,
우월감, 소외감이지요.
유대감은 서로 연결되어 있다는
느낌, 사명감은 주어진 명령을
잘 수행하려는 마음이지요.

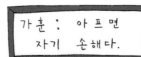

감 **느낄 감**

- 감각(感 覺깨달을 각)
  느껴서 자극을 알아차림
- 감각(感覺) 기관
  감각을 느끼는 신체 기관
- 감촉(感 觸닿을 촉)
  닿았을 때의 느낌
- 감응(感 應응할 응)
  느껴서 반응함
- 감염(感 染옮을 염)
  영향을 받아 옮거나 물이 듦
- 감전(感 電전기 전)
  전기를 느낌
- 감기(感 氣기운 기)
  찬 기운을 느껴 생기는 병

무엇이 없다는 걸까요? 위 그림의 빈칸에 들어갈 말은? (   )

① 동작   ② 감정   ③ 감각   ④ 감촉

정답은 ③번, 감각이에요. 감각은 '느낌'과 같은 말이에요. 외부의 자극을 몸이 느껴서 알아차린다는 뜻이지요.

그리고 감각을 느끼는 신체 기관을 감각 기관이라고 해요.

감촉은 닿았을 때의 느낌을 말해요. 감촉이 좋은 실크는 옷감으로 많이 쓰이죠. 여기서 감(感)은 몸으로 느낀다는 뜻이지요.

느꼈을 때 반응하는 것은 감응이라고 해요. 예를 들어 자동차에는 속도 감응 장치란 게 있거든요. 자동차가 시속 40km 이상으로 달린다는 게 느껴지면, 그 반응으로 스스로 분을 잠그는 장치예요.

빈칸을 채우면서 계속 읽어 볼까요?

병균이나 세균을 느끼고 그 영향으로 균이 옮게 되는 것은 ☐염, 전기를 느끼는 것은 ☐전, 찬 기운을 느껴 병이 나는 것은 ☐기랍니다. 빈칸을 채우면 감염, 감전, 감기예요.

🔔 **오감**

오감(五다섯 오 感)이란 시각, 청각, 후각, 미각, 촉각 등 사람의 다섯 가지 감각을 말해요.

🔔 **육감**

육감(六여섯 육 感)은 오감으로 알 수 없는 것을 느끼는 여섯 번째 감각이지요. 일반적으로 설명할 수 없는 사물의 본질을 직감적으로 알아내는 신비한 감각이에요.

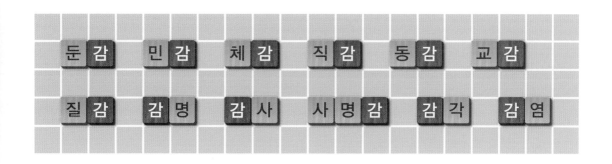

씨글자 블록 맞추기	感 느낄 감

둔감
민감
예감
체감
체감 온도
직감
동감
교감
소감
감상
원근감
촉감
감촉
질감
계절감
리듬감
감명

1 공통으로 들어갈 한자를 따라 쓰세요.

둔

직 ── 리 듬 ── 感 ── 사 명 ── 명

교   느낄 감   사

각

2 어떤 낱말에 대한 설명인지 쓰세요.

1) 미리 느낌 ➡ ☐☐

2) 설명이나 증명 없이도 곧바로 느낌 ➡ ☐☐

3) 멀고 가까운 거리의 느낌 ➡ ☐☐☐

4) 흥겨운 느낌 ➡ ☐☐

5) 영향을 받아 옮거나 물이 듦 ➡ ☐☐

3 알맞은 낱말을 찾아 문장을 완성하세요.

1) 그건 네가 너무 ☐☐ 해서 그런 거야.

2) 아! 이 영화 진짜 ☐☐ 깊다.

3) 자꾸 생각나는 것이 나 아무래도 그 사람한테 ☐☐ 을 갖고 있나 봐.

4) 손에 물을 묻히고 전기 코드를 만지면 전기에 ☐☐ 되니까 조심해.

5) 이 옷은 ☐☐ 이 참 좋네!

4 문장에 어울리는 낱말을 골라 ○표 하세요.

1) 자원 봉사의 기쁨이 얼마나 큰지 (소감 / 대감)을 말해 봐.

2) 저 사람을 보는 순간 도둑이라는 사실을 (직감 / 체감)했어.

3) 세균 (감전 / 감염)을 막으려면 손을 깨끗이 씻는 것이 중요해.

5 그림을 보고, 빈칸에 들어갈 알맞은 낱말을 쓰세요.

1) 흑, □□□이 느껴져.

2) 정말 □□ 깊다.

3) 너무 추워~ 이제, 아무 □□도 안 느껴져.

4) 선물이라니, 소녀 황공하옵니다. / 그냥 □□하다고 하려무나.

6 밑줄 친 부분을 뜻하는 낱말을 바르게 짝 지은 것을 고르세요. (   )

재인 : (가) 넌 자신이 다른 사람들보다 뛰어나다고 느끼나 봐.
윤수 : 내가 다른 사람보다 뛰어난 건 사실이지.
재인 : 그래도 자꾸 그러면 사람들이 너한테 (나) 반대하는 감정을 가질걸.
윤수 : 천만에! 오히려 내게 (다) 좋아하는 감정을 내비치던데?

① 우월감 – 호감 – 반감   ② 우월감 – 반감 – 호감

③ 소외감 – 반감 – 우월감   ④ 소외감 – 호감 – 우월감

감탄
감사
감흥
호감
반감
우월감
소외감
유대감
사명감
감각
감각 기관
감촉
감응
감염
감전
감기
오감
육감

열차는 예매하고, 식당은 예약하고

豫
미리 예

명절 때, 편히 시골을 다녀오는 것은 아마 모두의 바람이겠죠?

기차나 고속버스 등의 표를 미리 사는 일을 예매라고 해요.

다음 빈칸에 알맞은 글자를 넣어 보세요.

놀이공원도, 영화도 표를 ▢매하면 편리하겠죠.

이렇게 예매할 수 있는 표를 ▢매권이라고 하죠.

빈칸에는 '예'가 들어가면 되겠네요.

그러면 좋아하는 음식점에 갈 때도 자리를 예매한다고

하나요? 아니에요. 이때는 미리 자리를

약속해 놓는다는 의미에서 예약한다고 해요.

예약해 놓은 자리는 예약석이라고 하지요.

豫 미리 예

■ **예매**(豫 買살매)
미리 사는 일

■ **예매권**(豫 賣팔매 券표권)
정해진 때가 되기 전에 미리 파는 표

■ **예약**(豫 約속할약)
미리 약속함

■ **예약석**(豫 約 席자리석)
예약한 자리

■ **예정**(豫 定정할정)
미리 정함

■ **예열**(豫 熱더울열)
미리 덥히는 것

■ **예고**(豫 告알릴고)
미리 알림

다음 빈칸에 들어갈 낱말을 올바르게 연결해 보세요.

1) 내일 놀이 공원에 갈 ▢▢이다. •   • 예고

2) 시동을 걸어 차를 ▢▢해 두자. •   • 예열

3) 만화 영화 ▢▢편이 나오고 있어. •   • 예정

정답은 1) 예정, 2) 예열, 3) 예고이지요.

한국이 월드컵 예선을 조 1위로 통과했습니다.

豫	미리 예

예선(豫 選뽑을 선)
미리 뽑음

본선(本근본 본 選)
예선을 거친 팀이나 개인 중 우승자를 뽑는 대회

예심(豫 審심사할 심)
미리 하는 심사

예습(豫 習익힐 습)
미리 익힘

복습(復 되풀이할 복 習)
다시 익힘

예진(豫 診진찰할 진)
미리 간단하게 진찰함

월드컵은 4년마다 열리는 세계 최고의 축구 대회잖아요. 월드컵은 각 대륙마다 예선을 거쳐 최종 32개국을 선발해서 열리지요.
예선은 미리 뽑는다는 뜻이에요. 실력이 좋은 팀을 미리 뽑는 것이죠.
최종 선발된 32개국이 모여 실력을 겨루는 것이 바로 본선, 즉 본격적인 월드컵 대회인 거예요.

> 그럼 '예심(豫審)'은 무슨 뜻일까요? (   )
>
> ① 미리 심는다   ② 미리 심사한다   ③ 미리 심심해한다

정답은 ②번, 미리 심사한다예요. 미리 하는 심사를 예심이라고 해요. 예심을 통과해야 본 심사로 넘어가게 되지요.
예습을 하면 학교 공부가 더 잘 되고 재미있지 않나요?
물론 복습도 하면 더 좋고요. 알고 있지요? 예습은 미리 익히는 것이고, 복습은 배운 것을 다시 익힌다는 말이에요.

> 큰 병원에서는 병을 자세히 진찰하기 전에 미리 간단하게 진찰을 하고 무슨 과로 갈지 결정하기도 해요.
> 이렇게 미리 진찰하는 것을 무엇이라고 할까요? (   )
>
> ① 예진   ② 예찰   ② 예검

조금 어려웠나요? 정답은 ①번이에요.
예진은 미리라는 뜻의 예(豫)에 '진찰할 진(診)'이 합쳐진 말이지요.

야, 뭐 해? 너 초딩이잖아.

예습 중이야. 말 걸지 마.

豫 미리 예

■ **예비**(豫 備준비할비)
미리 준비함

■ **예비군**(豫備 軍군사군)
현역 군인이었던 사람들로 이루어진 예비 군인

■ **예방**(豫 防막을방)
미리 막음

■ **예방 주사**(豫防 注부을주 射쏠사)
병을 미리 막기 위해 맞는 주사

어! 홍수가 나서 대피해 있군요. 다행히 비상 식량은 있네요.

이처럼 비상시를 대비해 준비해 놓은 식량을 비상 식량 혹은 예비 식량이라고 하죠. 예비는 미리 준비해 놓다는 뜻이에요.

지금 군대에 가 있는 젊은 사람들을 현역 군인이라고 해요.

그러면 예비군(豫備軍)은 무엇일까요?

현역 군인으로 있다가 제대한 사람들로, 언제든지 군인처럼 움직일 수 있도록 미리 준비해 두는 군인을 말해요.

다음 빈칸을 채워 낱말을 완성해 보세요.

언제든지 군인처럼 움직일 수 있는 예비 군대는 □□군,

다음 달에 조카를 낳을 예정인 우리 이모는 □□ 엄마,

타이어에 구멍날 때를 대비해 필요한 것은 □□ 타이어.

빈칸에는 모두 '예비'라는 말이 들어가요.

당장 아파서가 아니라 미리 조심하기 위해서 종종 주사를 맞지요?

이런 주사를 예방 주사라고 하잖아요.

예방(豫防)은 병이나 재해 등 나쁜 일이 일어나기 전에 미리 막는 일이거든요.

'예방'과 함께 쓰는 것이 어울리지 <u>않는</u> 말은 무엇일까요? (   )

① 범죄 예방　　　② 화재 예방　　　③ 청소 예방

정답은 ③번, 청소 예방이죠.

청소는 미리 막아야 할 일은 아니잖아요.

강한 비바람이…

내일은 전국이 태풍의 직접적인 영향권에…

豫	미리 예

■ **일기 예보**(日날일 氣기상기 豫 報알릴보)
날씨의 변화를 미리 알려 줌

■ **예상**(豫 想생각할상)
미리 생각해 둠

■ **예단**(豫 斷판단할단)
미리 판단함

■ **예측**(豫 測헤아릴측)
미리 헤아림

■ **예측불허**(豫測 不아니불 許허락할허)
예측이 되지 않아 앞날을 알 수 없음

매일 아침 신문이나 TV에서 볼 수 있는 장면이에요.
무엇을 하고 있는 것일까요? ( )

① 일기 예보   ② 교통정리   ③ 예습, 복습   ④ 경거망동

정답은 ①번, 일기 예보예요. 일기 예보(日氣豫報)는 날씨의 변화
를 미리 알려 주는 것이에요. 비슷한 말로 예상이란 낱말도 있어요.
예상(豫想)은 '어떤 일을 미리 생각해 둔다'는 뜻이죠.
다음 문장에 예상을 넣어 읽어 보세요.
"내일 □□ 강우량은 50mm입니다."
시험 때 나올 것이라고 점치는 문제는? □□ 문제.
미리 심삭해 보는 점수는? □□ 점수.
다음 시험 예상 점수는 얼마인가요? 보나마나 100점이라고요?
그렇게 미리 단정지어서 말하면 안 되죠. 이러한 지레짐작을 예단
이라고 해요. 미리 판단한다는 뜻이에요.
예측 불허는 앞으로 어떻게 될지 예측이 되지 않을 정도로 앞날을 모
르겠다라는 뜻이에요. 예측은 미리 헤아린다는 말이에요.

제 **예상** 점수는 100점이에요!

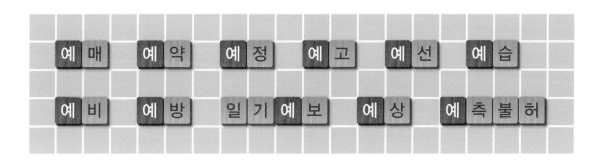

예 매   예 약   예 정   예 고   예 선   예 습

예 비   예 방   일 기 예 보   예 상   예 측 불 허

씨글자
블록 맞추기
미리 예

예매
예매권
예약
예약석
예정
예열
예고
예선
본선
예심
예습

1 공통으로 들어갈 한자를 따라 쓰세요.

매

고 ─ 약 석 ─ 豫 ─ 방 주 사

습

미리 예

비

상

단

2 어떤 낱말에 대한 설명인지 쓰세요.

1) 정해진 때가 되기 전에 미리 파는 표 ➡ ☐☐☐

2) 미리 덥히는 것 ➡ ☐☐

3) 미리 하는 심사 ➡ ☐☐

4) 미리 막음 ➡ ☐☐

5) 예측이 되지 않아 앞날을 알 수 없음 ➡ ☐☐☐☐

3 알맞은 낱말을 찾아 문장을 완성하세요.

1) 학교에서 ☐☐ 을 거쳐 전국 미술 대회에 나갈 사람을 뽑는대.

2) 오늘부터 내일 학교에서 배울 내용을 ☐☐ 할 거야.

3) 아차, 내가 미리 영화표를 ☐☐ 해 두는 걸 깜빡했구나.

4) 오늘 하늘이 흐린 것을 보니 비가 올 것으로 ☐☐ 된다.

5) 우리 막내 삼촌은 군대를 제대한 ☐☐☐ 이야.

90

4 문장에 어울리는 낱말을 골라 ○표 하세요.

1) 빵을 구울 때는 오븐을 충분히 (예습 / 예열)해야 돼.

2) 수학 시간에 선생님은 (예진 / 예고)도 없이 시험을 보자고 하셨다.

3) 겨울이 오기 전에 독감 (예방 / 예측) 주사를 맞아야 해.

4) 비행기는 오후 4시에 착륙할 (예상 / 예정)입니다.

5) 우리 동네에서 하는 전국 노래 자랑 (예심 / 예습)에 참가해 볼까?

5 다음 중 반대말끼리 바르게 짝 지은 것을 고르세요. (   )

① 예습 – 복습   ② 예매 – 판매

③ 예방 – 예진   ④ 예산 – 초안

6 빈칸에 공통으로 들어갈 알맞은 낱말을 고르세요. (   )

> • 불조심을 하기 위해서는 우선 화재 ☐☐ 교육을 잘 받아야 돼요.
> • 감기를 ☐☐하려면 손을 깨끗이 씻는 게 가장 좋은 방법이야.
> • 독감 ☐☐ 주사를 맞으면 독감이 걸리지 않을 거야.

① 예열   ② 예매

③ 예선   ④ 예방

복습

예진

예비

예비군

예방

예방 주사

일기 예보

예상

예단

예측

예측불허

당한 대로 갚아 주는 보복

報
갚을 보

친구를 괴롭히다 앙갚음을 당했군요! '앙갚음'을 다른 말로 무엇이라고 할까요? (   )

① 보고   ② 보복   ③ 보은

맞아요, 정답은 ②번, 보복이에요.
남이 자기에게 해를 끼친 대로 그 사람에게 갚아 준다는 말이지요.
이때 보(報)는 '갚다'는 뜻이에요.
거꾸로 남에게 입은 은혜를 갚는 것은 보답이라고 해요.
'보'가 들어간 다른 낱말을 빈칸을 채워 만들어 보세요.
남에게 진 빚이나 받은 물건을 갚는 것은 ☐상,
일한 대가로 주는 돈이나 물건은
☐수라고 해요.
모든 일에는 업보가 있으니 착하게 사는 게 좋아요. 업보란 '남에게 한 일 때문에 자신에게 돌아오는 결과'를 말해요.

다 네
업보니라.

이게 뭐야 ㅠㅠ

報   갚을 보

■ **보복**(報 復갚을복)
남이 자기에게 해를 끼친 대로
그 사람에게 갚음

■ **보답**(報 答답할답)
남의 호의나 은혜를 갚음

■ **보상**(報 償상상)
남에게 진 빚이나 받은 물건을
갚음

■ **보수**(報 酬갚을수)
일한 대가로 주는 돈이나 물건

■ **업보**(業일업 報)
남에게 한 일 때문에 자신에게
돌아오는 결과

젊은 장군은 묶여진 풀 덕분에 상대편 장수를 사로잡을 수 있었어요. 풀은 누가 묶어 놓았을까요?

옛날에 젊은 장군이 한 여자를 구해 준 일이 있었어요. 그 여자의 죽은 아버지가 유령이 되어서라도 장군에게 은혜를 갚기 위해 풀을 묶어 놓은 것이었대요.

이렇게 은혜를 갚는 것을 보은(報恩)이라고

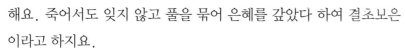

해요. 죽어서도 잊지 않고 풀을 묶어 은혜를 갚았다 하여 결초보은 이라고 하지요.

報	갚을 보

보은(報 恩은혜은)
은혜를 갚음

결초보은
(結묶을결 草풀초 報恩)
풀을 묶어 보은함 / 죽은 뒤에라도 은혜를 잊지 않고 갚음

보국(報國나라 국)
나라에 보은함

진충보국
(盡다할진 忠충성충 報國)
충성을 다해 보국함

인과응보(因원인 인 果결과 과 應응할응 報)
원인과 결과가 서로 응답함

젊은 장군은 전쟁에서 승리하고 나라의 은혜를 갚을 수 있었어요. '나라의 은혜를 갚는 것'을 무엇이라고 할까요? (   )

① 보은   ② 보라   ③ 보국

정답은 ③번, 보국이에요.

충성을 다해 나라의 은혜를 갚는 것은 진충보국이라고 해요.

젊은 장군은 착한 일을 해서 좋은 보답을 받았지요.

좋은 일에는 좋은 결과가, 나쁜 일에는 나쁜 결과가 따르는 것을 인과응보라고 해요. 원인과 결과가 서로 응답한다는 말이지요.

선생님께서 바빠서 이번 시간
은 자습이래요! 그것 참 반가운
소식이로군요.
낭보란 '기쁜 소식'을 말해요.
비슷한 말로 길보가 있지요.
이처럼 보(報)는 '소식'이라는
뜻으로도 쓰여요.

어떤 낱말들이 있는지 더 알아볼까요?

슬픈 소식은 비□,
나쁜 소식은 흉□,
빨리 알리는 소식은 속□,
급하게 알리는 소식은 급□,
특별하게 알리는 소식은 특□,
잘못된 소식은 오□예요.
자습이라는 낭보가 사실은
오보였네요.
어때요? 별로 어렵지 않죠?

報	소식 보

- **낭보**(朗기쁠 낭 報)
  기쁜 소식
- **길보**(吉좋을 길 報)
  좋은 소식
- **비보**(悲슬플 비 報)
  슬픈 소식
- **흉보**(凶나쁠 흉 報)
  나쁜 소식
- **속보**(速빠를 속 報)
  빨리 알리는 소식
- **급보**(急급할 급 報)
  급하게 알리는 소식
- **특보**(特특별할 특 報)
  특별하게 알리는 소식
- **오보**(誤잘못 오 報)
  잘못된 소식

보(報)는 '알리다'는 뜻도 있어요.
몰래 알아내서 알리는 것은 첩□,
널리 알리는 것은 홍□지요.
회사에서 제품을 사람들에게 알릴 때 홍보한다라고 하지요.
또 어떤 일의 내용이나 결과를 말이나 글로 알리는 것을 보고라고
해요. 보(報)와 고(告) 모두 알린다는 말이거든요.
또 보고 내용을 글로 작성하는 것을 보고문이라고 한답니다.
관찰하고 연구해 수집한 자료를 정리해 놓은 것은 정보라고 해요.
정보를 생산하고 다루는 산업을 정보 산업,
정보를 중심으로 사회나 경제가 돌아가면 정보 사회라고 하지요.

報	알릴 보

- **첩보**(諜염탐할 첩 報)
  몰래 알아내어 알림
- **홍보**(弘널리 홍 報)
  널리 알림
- **보고**(報 告알릴 고)
  일의 내용이나 결과를 말이나
  글로 알림
- **정보**(情사정 정 報)
  관찰하고 연구하여 수집한 자
  료를 정리해 놓은 것

報 알릴
소식 보

어라? 신문 이름이 모두 '○○일보'예요. 일보는 날마다 보도한다는 말이거든요. 보도란 새로운 소식을 사람들에게 알리는 것이지요.
보(報)와 도(道), 모두 알린다는 뜻을 가진 말이에요.
신문사, 잡지사, 방송국 등 새로운 소식을 알리는 일을 하는 기관을 보도 기관이라고 해요. 어떤 사건을 보도하기 위해 기자나 카메라맨으로 구성된 조직은 보도진이라고 하고요.
다음 빈칸을 채워 낱말을 완성해 보세요.
일주일마다 보도하는 것은 주☐, 한 달마다 보도하는 것은 월☐,
1년마다 보도하는 것은 연☐예요.
정부에서 국민들에게 알리는 소식은 관☐,
정당에서 당원들에게 알리는 소식은 당☐,
회사에서 직원과 소비자에게 알리는 소식은 사☐고요.
여러 사람에게 알리는 글을 적어 벽에 붙인 종이는 벽보라고 하지요. 또 벽보 등을 여러 사람이 보도록 걸어 두는 것은 '게시'라고 해요.

- **보도**(報 道알릴 도)
  새소식을 사람들에게 알림
- **보도**(報道) **기관**
  보도를 하는 기구나 조직
- **보도진**(報道 陣무리 진)
  보도하는 사람들의 무리
- **일보**(日날 일 報)
  날마다 보도하는 소식
- **주보**(週주일 주 報)
  일주일마다 보도하는 소식
- **월보**(月달 월 報)
  달마다 보도하는 소식
- **연보**(年해 연 報)
  해마다 보도하는 소식
- **관보**(官관청 관 報)
  정부에서 국민들에게 알리는 소식
- **당보**(黨정당 당 報)
  정당에서 당원들에게 알리는 소식
- **사보**(社회사 사 報)
  회사에서 직원과 소비자에게 알리는 소식
- **벽보**(壁벽 벽 報)
  알리는 글을 적어 벽에 붙인 종이

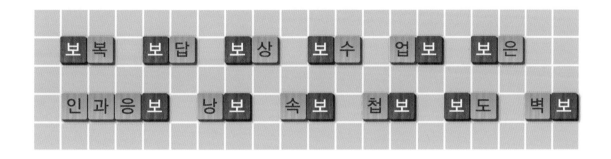

보복 보답 보상 보수 업보 보은

인과응보 낭보 속보 첩보 보도 벽보

보복

보답

보상

보수

업보

보은

결초보은

보국

진충보국

인과응보

낭보

길보

비보

흉보

속보

1 공통으로 들어갈 한자를 따라 쓰세요.

답				업
수	결 초 은	報	인 과 응	비
은		갚을 보		홍

2 어떤 낱말에 대한 설명인지 쓰세요.

1) 기쁜 소식 ➡ ☐☐

2) 잘못된 소식 ➡ ☐☐

3) 빨리 알리는 소식 ➡ ☐☐

4) 정부에서 국민들에게 알리는 소식 ➡ ☐☐

5) 일주일마다 보도하는 소식 ➡ ☐☐

3 알맞은 낱말을 찾아 문장을 완성하세요.

1) 수철이는 아무런 ☐☐ 도 바라지 않고 가난한 이웃을 도와주었다.

2) 회의에 다녀온 이사는 사장에게 결과를 ☐☐ 했다.

3) 기차가 충돌한 사건이 신문에 ☐☐ 되었다.

4) 삼촌은 회사 게시판에 붙은 ☐☐ 를 보고 승진 소식을 알게 되었다.

5) 그는 스승의 은혜에 ☐☐ 하기 위해 학문에 힘써 노력하였다.

4 문장에 어울리는 낱말을 골라 ○표 하세요.

1) 강도의 (보상 / 보복)이 두려워 신고를 못하겠어.

2) 숙제를 도와준 (보수 / 보답)으로 작은 선물을 준비했어.

3) 성적표가 나왔는데 공부를 안 했더니 완전 망했어.
  (인과응보 / 결초보은)의 결과야.

4) 뉴스 끝에 어제 잘못 보도된 (특보 / 오보)에 대한 정정 보도를 했다.

5) 일요일마다 교회에 가면 (주보 / 월보)를 받아 볼 수 있어.

5 다음 중 밑줄 친 '보'가 나머지 셋과 다르게 쓰인 것을 고르세요. (   )

① 보물섬　　　　　② 보고서

③ 성보사회　　　　④ 보도진

6 빈칸에 들어갈 알맞은 낱말을 쓰세요.

날씨를 미리 알리는 것을 일기 예보라고 합니다. 큰 눈이 예상되니 주의하라고 알리는 것을 대설주의보라고 하지요. 눈이 너무 많이 와서 더욱 큰 피해가 예상될 때는 특별히 알리는 □□를 발표한답니다.

급보 / 특보 / 오보 / 첩보 / 홍보 / 보고 / 정보 / 보도 / 보도 기관 / 보도진 / 일보 / 주보 / 월보 / 연보 / 관보 / 당보 / 사보 / 벽보

저 녀석 불가사의한데?

진짜 많이 먹기 대회

네! 벌써 20개째네요! 초등학생의 몸으로 도저히 □가능한 일에 도전하고 있습니다.

와 와

혁

不
아니 불

위 그림의 빈칸에 들어갈 말은 무엇일까요? (   )

① 확   ② 장   ③ 불   ④ 꽤

맞아요. 정답은 ③번, 불(不)이라는 글자가 들어가야겠죠.
불가능은 할 수 없다는 뜻이에요. 가능은 할 수 있다는 뜻이고요.
불가능은 가능의 반대말이에요.
그럼 효자의 반대는 불효자, 공평의 반대는 불공평이 되겠지요.
어떤 낱말 앞에 이렇게 불(不) 자가 붙으면, '~이 아니다'라는 뜻이
되어 반대말을 만들어요.
불(不) 자를 붙여서 반대말을 만들어 볼까요?
빈칸을 채우면서 만들어 봐요.
마음에 든다는 뜻인 만족의
반대말은 □만족,
어느 한쪽으로도 치우치지
않는다는 뜻인 균형의
반대말은 □균형이지요.

네! 뭉치 학생, 우승입니다! 불가능을 가능으로 바꾸는 순간입니다!

不 아니 불

- **불가능**(不 可할수있을가 能 능히능)
  가능하지 않음
- **불효자**(不 孝효도효 子자식자)
  효자가 아닌 자식
- **불공평**
  (不 公공정할공 平평등할평)
  공평하지 않음
- **불만족**(不 滿찰만 足족할족)
  만족스럽지 않음
- **불균형**
  (不 均고를균 衡저울대형)
  균형이 맞지 않음

그럼 '도덕'의 반대말은 무엇일까요? (   )

① 안도덕   ② 불도덕   ③ 부도덕   ④ 부도리

정답은 ②번 불도덕이 아니라 ③번 부도덕이에요.
부도덕(不道德)은 도덕에 부(不)가 붙어 도덕의 반대말로 도덕적이지 않다는 뜻이에요.

그런데 왜 '불'이 아니라 '부'가 붙는 거죠?

좋은 질문이에요. 그건 한자 '불(不)'은 뒤에 오는 소리가 'ㄷ' 또는 'ㅈ'이면, '부'로 변하기 때문에 '부'가 붙는 거예요.
부도덕의 '도덕'이 'ㄷ'으로 시작하니, '불'이 '부'로 변한 거지요.
주의를 하지 않는다는 뜻의 부주의에서는 '불'과 'ㅈ'으로 시작하는 '주의'가 만나 '부주의'가 된 거고요.

이렇게 글자가 변하는 이유는 발음을 편하게 하기 위해서예요.
소리내어 읽어 보면 무엇이 자연스러운지 알 수 있어요.
그럼 다음 빈칸에 '불'이나 '부'를 알맞게 넣어 보세요.
간섭하지 않는 것은 ☐간섭, 규칙적이지 않은 것은 ☐규칙,
등식이 아닌 것은 ☐등식,
올바르지 않은 것은 ☐정,
정확하지 않은 것은 ☐정확.
간섭과 규칙은 'ㄱ'으로 시작하
니까 불간섭, 불규칙이에요.
등식은 'ㄷ', 정과 정확은
'ㅈ'으로 시작하니
'불'이 아닌 '부'로 바뀌어
부등식, 부정, 부정확이 되지요.

不   아니 **불/부**

■ **불간섭**
(不 干간섭할 간 涉건널 섭)
간섭하지 않음

■ **불규칙**(不 規법규 則법칙칙)
규칙적이지 않음

🔔 **부 | ㄷ**
■ **부도덕**(不 道도리도 德덕덕)
도덕적이지 않음

■ **부등식**(不 等같을등 式식식)
등식이 아닌 식

🔔 **부 + ㅈ**
■ **부주의**
(不 注마음쏟을주 意뜻의)
주의를 기울이지 않음

■ **부정**(不 正바를정)
올바르지 않음

■ **부정확**(不正 確굳을확)
정확하지 않음

바퀴벌레는 공룡 시대 때나 지금이나 똑같은 생김새로 살아오고 있어요. 왼쪽은 조상 바퀴벌레이고, 오른쪽은 후손 바퀴벌레예요.

만약 이 둘이 같은 바퀴벌레라면, 불로초를 먹고 오랜 시간 동안 불로장생한 것이겠지요?

불로초는 먹으면 늙지 않는다는 상상의 풀이고,

불로장생은 늙지 않고 오래 산다는 말이에요.

늙고 싶은 사람은 아무도 없겠죠?

이처럼 하고 싶지 않은 것들에 불(不) 자가 붙어 있는 경우가 많아요.

다음 빈칸을 채워 보면서 다른 말들을 더 알아볼까요?

일하기는 싫은데 돈을 벌고 싶나요?

일하지 않고 얻는 것은 ▢로 소득이라고 해요.

죽기도 싫고 없어지기도 싫죠?

그런 건 ▢사▢멸이라고 하고요.

영원히 썩지 않고 남아 있으면 좋을 작품은

▢후(不朽)의 명작이라고 하잖아요.

불후가 썩지 않는다는 뜻이거든요.

희동이는 바퀴벌레랑 도저히 같이 살 수 없대요.

원수란 '해를 끼쳐 미운 대상'인데, 너무 미우면

같은 하늘 아래에서도 살고 싶지 않죠. 그런

사이를 불공대천의 원수라고 해요.

不　아니 불

- **불로장생**(不 老늙을로 長오래장 生살생)
  늙지 않고 오래 삶

- **불로초**(不老 草풀초)
  먹으면 늙지 않는 풀

- **불로 소득**(不 勞일할로 所바소 得얻을득)
  일하지 않고 얻는 것

- **불사불멸**(不 死죽을사 不 滅사라질멸)
  죽지도, 사라지지도 않음

- **불후**(不 朽썩을후)
  썩지 않고 영원함

- **불공대천**(不 共함께공 戴머리에일 대 天하늘천)
  머리 위에 함께 하늘을 이고 살 수 없음

너랑 같은 하늘 아래 살기 싫어.

不 　아니 불

불가(不 可 가능할 가)
가능하지 않음

불가분(不可 分 나눌 분)
나눌 수 없음

불가해(不可 解 이해할 해)
이해할 수 없음

불가피(不可 避 피할 피)
피할 수 없음

불가침(不可 侵 범할 침)
침범할 수 없음

불가항력(不可 抗 막을 항 力 힘 력)
사람의 힘으로 막을 수 없는 힘

불가사의(不可 思 헤아릴 사 議 생각할 의)
생각하거나 헤아릴 수 없이 이상하고 야릇함

불량(不 良 좋을 량)
질이나 상태가 좋지 않음

불량품(不良 品 물건 품)
품질이 좋지 않은 물건

불량배(不良 輩 무리 배)
행실이 좋지 않은 무리

불량 청소년
행실이 좋지 않은 청소년

진짜로 이런 가족은 없겠죠? 불가(不可)라는 말은 무엇이든지 '할 수 없는 것'으로 만들어요.

나눌 수 없는 것은 불가분, 이해할 수 없는 것은 불가해라고 하지요.

피할 수 없는 것은 ☐☐피, 침범할 수 없는 것은 ☐☐침,

사람의 힘으로 막을 수 없는 힘은 ☐☐항력이에요.

중국에 있는 만리장성은 세계적으로 불가사의한 건축물 중의 하나로 꼽혀요. 불가사의는 '미루어 헤아릴 수 없이 이상하고 야릇하다'는 뜻이에요. 어떻게 옛날에 저토록 긴 성벽을 쌓을 수 있었는지 정말 불가사의하죠.

만리장성

'질이나 상태가 좋지 않다'는 뜻의 불량(不良)도 다른 글자와 만나 뜻을 이루어요. 품질이 좋지 않은 물건은 불량품, 행실이 좋지 않은 무리는 불량배, 행실이 좋지 않은 청소년은 불량 청소년이에요.

불 가 능 　불 효 자 　불 공 평 　불 만 족 　부 정

불 로 초 　불 후 　불 량 　부 도 덕 　부 주 의

不
아니 불

불가능

불효자

불공평

불만족

불균형

불간섭

불규칙

부도덕

부등식

부주의

부정

부정확

불로장생

불로초

① 공통으로 들어갈 한자를 따라 쓰세요.

가
량	로 소 득
후

不
아니 불

가 항 력

로	초
가	피
량	배

② 어떤 낱말에 대한 설명인지 쓰세요.

1) 늙지 않고 오래 삶 ➡ ☐☐☐☐

2) 한쪽으로 치우쳐 균형이 맞지 않음 ➡ ☐☐☐

3) 사람의 힘으로 막을 수 없는 힘 ➡ ☐☐☐☐

4) 부모를 효성스럽게 잘 섬기지 않는 자식 ➡ ☐☐☐

5) 도덕적이지 않음 ➡ ☐☐☐

③ 알맞은 낱말을 찾아 문장을 완성하세요.

1) 내일까지 수학 100문제를 푸는 것은 ☐☐☐ 해.

2) 손님의 ☐☐☐ 로 인해 분실한 물품은 보상이 어렵습니다.

3) 영양학적으로 ☐☐☐ 한 식습관은 건강에 좋지 않아요.

4) 베토벤의 운명 교향곡은 ☐☐ 의 명곡이다.

5) 엄마는 동생만 새옷을 사주고. 정말 ☐☐☐ 해.

4 **문장에 어울리는 낱말을 골라 ○표 하세요.**

1) 영하 5℃인 날씨에 개나리가 피어 있으니 (불자연 / 부자연)스럽다.

2) 다이어트 (불작용 / 부작용)으로 키가 안 커요!

3) 그런 (불도덕 / 부도덕)한 사람을 데려오다니.

4) 남의 사생활은 (불간섭 / 부간섭)하는 게 좋아요.

5) (불규칙 / 부규칙)하게 생활하면 건강이 나빠져요.

5 **빈칸에 들어갈 알맞은 낱말을 바르게 짝 지은 것을 고르세요. (   )**

선생님 : 여러분! 여기가 바로 만리상성이
에요. 총길이가 2,700 km나 된다고 해요.
2,000년 전에 이런 큰 성을 쌓았다는 게 정
말 (가) □□□□하지요?
학생 : 우이! 지금은 가능할 것 같은데….
(나) □□□한 일을 해냈으니 정말 많은 사
람이 고생했을 것 같아요.

① (가) 불가사의   (나) 불가능   ② (가) 불로장생   (나) 불가능

③ (가) 불로장생   (나) 불가피   ④ (가) 불가사의   (나) 불가침

6 **빈칸에 공통으로 들어갈 알맞은 낱말을 고르세요. (   )**

영희 : 연필 한 다스 사야 해요. 돈 좀 주세요.
어머니 : 왜? 어제 샀잖니. 혹시 □□배에게 돈을 뺏긴 거니?
영희 : 아니요. □□품을 샀나 봐요. 12개 중에 6개나 부러졌어요.

① 불가   ② 부지   ③ 불량   ④ 불쾌

| 불로 소득 |
| 불사불멸 |
| 불후 |
| 불공대천 |
| 불가 |
| 불가분 |
| 불가해 |
| 불가피 |
| 불가침 |
| 불가항력 |
| 불가사의 |
| 불량 |
| 불량품 |
| 불량배 |
| 불량 청소년 |

씨글자 | 기본 어휘

可
할 수 있을 가

나에게 불가능은 없어!

엄마, 제가 잘 칠 수 있을까요?

그럼. 우리 딸이라면 충분히 □□하지!

우리딸 화이팅!

두 손가락의 피아니스트 이희아 씨예요. 위의 빈칸에 알맞은 말은 무엇일까요? (   )

① 안심   ② 가능   ③ 설득   ④ 용감

정답은 ②번이에요. 가능(可能)은 '능히 할 수 있다'는 말이니까요.
어머니는 희아 씨의 가능성을 믿었지요. 앞으로 능히 할 수 있거나,
이뤄질 수 있는 성질의 것이면 가능성(可能性)이 있다고 말해요.
책 같은 인쇄물이 읽힐 수 있는 성질은 뭘까요?
너무 어려웠지요? 답은 가독성(可讀性)이에요.
인쇄가 선명하지 않거나 글자가 너무 작으면 읽기 힘들죠? 이런 땐
가독성이 나쁘다라고 말해요. 이렇게 가(可)는 '할 수 있다'는 뜻이
에요. 반대로 불가(不可)는 할 수 없다는 말이죠.
빈칸을 채우면서 한번 읽어 볼까요?
불에 탈 수 있는 성질은 □연성이에요. 나무나 종이는 가연성이 큰
물질이죠. 저항할 수 없는 힘은 불□항력, 사람의 생각으로 헤아리
수 없는 것은 불□사의예요.

可 할 수 있을 가

- **가능**(可 能능히능)
능히 할 수 있음
- **가능성**(可能 性성질 성)
능히 할 수 있는 성질·정도
- **가독성**(可 讀읽을독 性)
읽힐 수 있는 성질
- **불가**(不아니불 可)
할 수 없음
- **가연성**(可 燃탈연 性)
불에 탈 수 있는 성질
- **불가항력**
(不可 抗저항할항 力힘력)
저항할 수 없는 힘
- **불가사의**
(不可 思생각사 議생각할 의)
생각하거나 헤아릴 수 없이 이
상하고 야릇함

104

왼쪽 그림을 보세요. 라디오의 뉴스를 엉뚱하게 알아들었군요. 가시거리는 맨눈으로 볼 수 있는 거리를 말해요.

'가시거리가 20km'라면 20km 앞까지 보인다는 말이지요.

여기서 가시(可視)는 '눈으로 볼 수 있다'는 뜻이에요.

엑스선이나 자외선, 또는 적외선을 눈으로 본 적이 있나요? 물론 없을 거예요. 이런 빛은 눈으로 볼 수 있는 빛과 파장이 다르거든요.

> 그럼 눈으로 볼 수 있는 파장을 가진 빛은 무엇일까요? (　　)
>
> ① 가시광선　　② 태양 광선　　③ 전등불　　④ 야광

정답은 ①번 가시광선이에요. 가시광선 덕분에 우리는 색깔을 볼 수 있어요. 또 어떤 현상이 실제로 나타나서 눈으로 볼 수 있게 되면, 가시화되었다고 해요.

그림 가(可)를 써서 여러 가지 가능한 일들의 표현을 알아볼까요?

쓰는 것은 용(用), 쓸 수 있으면 ☐☐.

변하는 것은 변(變), 변할 수 있으면 ☐☐.

바라는 것은 망(望), 바랄 수 있으면 ☐☐.

정답은 차례대로 가용, 가변, 가망이에요.

> "될 수 있는 대로 빨리 와."
> 밑줄 친 부분과 같은 말은 무엇일까요? (　　)
>
> ① 무조건　　② 아무래도　　③ 정말로　　④ 가급적

정답은 ④번이에요. 가급적(可及的)은 형편이 미치는 범위 내에서 최선을 다한다는 말이에요. 형편과 상관없이 '무조건'은 아닌 거죠.

可 할 수 있을 가

■ **가시**(可 視볼시)
볼 수 있는

■ **가시거리**
(可視 距떨어질거 離떨어질리)
눈으로 볼 수 있는 거리

■ **가시광선**
(可視 光빛광 線줄기선)
사람의 눈으로 볼 수 있는 빛줄기(무지개 빛으로 이루어져 있음)

■ **가시화**(可視 化될화)
실제로 나타나 볼 수 있게 됨

■ **가용**(可 用쓸용)
쓸 수 있음

■ **가변**(可 變변할변)
변할 수 있음

■ **가망**(可 望바랄망)
바랄 수 있음

■ **가급적**(可 及미칠급 的~할적)
형편이 미치는 한

可 ~할 만한 가

- 가공(可 恐두려울 공)
  두려워할 만한
- 가소(可 笑웃을 소)롭다
  비웃을 만하다
- 가련(可 憐불쌍할 련)하다
  불쌍히 여길 만하다
- 가증(可 憎미울 증)스럽다
  미워할 만하다
- 가당(可 當마땅할 당)치 않다
  마땅하지 않다
- 가관(可 觀볼 관)
  보아줄 만함

위 그림의 빈칸에 공통으로 들어갈 말은 뭘까요? (   )

① 감사   ② 가공   ③ 한심   ④ 가련

정답은 ②번이죠. 가공(可恐)은 '두려워할 만한'이라는 말이에요.
상대의 힘이 세거나 능력이 대단할 때 쓰는 표현이에요.
예를 들어, 핵무기는 아주 가공할 위력을 지닌 무기지요.
여기서 가(可)는 '~할 만한'이라는 뜻이에요. 이 뜻으로 쓰인 '가
(可)'와 관계있는 표현들을, 빈칸을 채우며 더 알아볼까요?
웃음을 살만하면 ☐소롭다고 말해요. 그런데 이 웃음은 그냥 웃
음이 아니라 비웃음이죠. 호랑이 앞에서 여우가 큰소리를 치고 폼
을 잡으면 그게 가소로운 짓이에요.
불쌍히 여길 만한 것은 ☐련하다, 보기에 괘씸하여 미워할 만한
것은 ☐증스럽다, 당연하거나 마땅하지 않은 것은 ☐당치 않다
라고 해요. 열심히 일하지 않고 일확천금만을 노린다면,
가당치 않은 태도라고 말할 수 있지요.
보아줄 만한 것은 ☐관이라고 해요.
경치나 장면이 가관이라면 정말 아름답
고 멋지다는 말이에요. 하지만 사람의
행동에 대해서 쓰면 행동이나 말을 비
웃거나 비꼬는 말이에요. 조심해서 써
야 한다는 사실을 기억하세요.

앗! 강아지도 입학 ☐☐ 를 받았다고요?

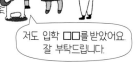

오른쪽 빈칸에 들어갈 말은 무엇일까요? (　　)

① 허가　　② 심판　　③ 요령　　④ 시험

정답은 ①번이죠? 허가(許可)는 어떤 일을 해도 된다고
허락하는 것을 말해요. 관청이나 나라에서 허가라는 말을 쓰면,
원래는 금지되어 있는 일을 특별히 허락한다는 뜻이에요.
그러니까 허가받지 않고 하는 일은 불법 행위인 거죠.
인가는 무언가를 해도 된다고 인정하는 것을 말해요. 관청이나 나
라의 인가를 받아야 공식으로 인정이 되는 거예요.
무인가 학원은 관청의 인가를 받지 않은 학원이겠지요? 이런 곳에서
는 피해를 당해도 보상을 받을 수 없어요. 공식적으로 인정된 학원
이 아니기 때문이시요. 이렇게 가(可)는 '해도 되는 것'을 뜻해요.

저도 입학 ☐☐ 를 받았어요.
잘 부탁드립니다.

可 해도 될 가

■ **허가**(許허락할 허 可)
해도 된다고 허락함
■ **인가**(認인정할 인 可)
해도 된다고 인정함
■ **불가**(不아니 불 可)
하면 안 됨
■ **미성년자 입장 불가**
(未아닐 미 成이룰 성 年해 년 者
사람 자 入들 입 場마당 장 不可)
아직 어른이 아닌 사람이 들어
가면 안 됨
■ **불가침 조약**(不可 侵침략할
침 條조항 조 約약속 약)
침략하면 안 된다는 조항이 있
는 약속

반대로 불가는 하면 안 되는 것들을
가리키지요.
그럼 다음 빈칸을 채워 보세요.
미성년자가 들어가면 안 되는 곳은
미성년자 입장 ☐☐ 라고 하고,
서로 침략하면 안 된다고 정한 조약
은 ☐☐ 침 조약이라고 해요.

| 가 | 능 | 성 | | 가 | 독 | 성 | | 불 | 가 | 사 | 의 | | 가 | 시 | 거 | 리 |
| 가 | 시 | 광 | 선 | | 가 | 변 | | 가 | 소 | 롭 | 다 | | 허 | 가 | | 불 | 가 |

할 수 있을 **가**

가능

가능성

가독성

불가

가연성

불가항력

불가사의

가시

가시거리

가시광선

가시화

가용

가변

1 공통으로 들어갈 한자를 따라 쓰세요.

| 능 | | | | | | 허 |

시 — 독 성 — 可 — 불 항 력 — 인

| 용 | | 할 수 있을 **가** | | | | 불 |

2 어떤 낱말에 대한 설명인지 쓰세요.

1) 두려워할 만함 → ☐☐ 할

2) 꼴이 볼 만함 → ☐☐

3) 불쌍히 여길 만하다 → ☐☐ 하다

4) 미워할 만하다 → ☐☐ 스럽다

5) 눈으로 볼 수 있는 거리 → ☐☐☐☐

3 알맞은 낱말을 찾아 문장을 완성하세요.

1) 사흘 안에 밀린 방학 숙제를 다 하는 게 과연 ☐☐ 할까?

2) 이번 반장 선거에서 내가 당선될 ☐☐ 은 거의 없어.

3) 이번 소풍에는 ☐☐☐ 각자 먹을 도시락을 챙겨 오세요.

4) 잘난 체 하는 꼴이 ☐☐ 이야!

5) 그 배우는 청순 ☐☐ 형 여주인공 역할을 잘 맡아.

4 문장에 어울리는 낱말을 골라 ○표 하세요.

1) 수진이가 다니는 피아노 학원은 나라에서 인정해 주지 않는
   무(허가 / 인가) 학원이래.

2) 불법 영업은 (허가 / 인가)를 받지 않고 가게를 하는 거야.

3) (가연성 / 가독성)이 있는 물질은 불 가까이 두면 안 돼요.

5 빈칸에 들어갈 알맞은 낱말을 쓰세요.

1) 입장 □□

2) □□□□적 자연재해로 마을은 수식간에 물바다가 되있습니다.

3) 아~ □□한 소녀… 이렇게 추운 날… / 지금 여름이거든?

4) 이번에도 내가 반장을 하겠어. 호호! / 독재는 물러가랏! 투표로 □□를 결정하라!

6 빈칸에 공통으로 들어갈 알맞은 낱말을 고르세요. (   )

> • 이집트의 피라미드는 세계 7대 □□□□ 중 하나래.
> • 산모의 몸 안에서 아이가 자라고 태어나는 과정은 정말 □□□□해.

① 불가사의   ② 불가항력

③ 입장 불가   ④ 가시거리

가망

가급적

가공

가소롭다

가련하다

가증스럽다

가당치 않다

가관

허가

인가

불가

미성년자
입장 불가

불가침 조약

온몸을 돌고 도는
피, 혈액

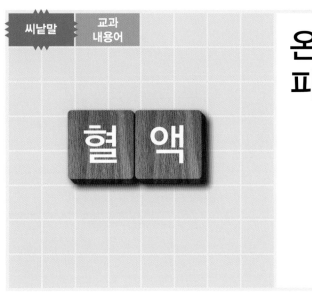

난 사람의 온몸을 돌고 돌아!

혈액은 '피 혈(血)'과 '액체 액(液)' 자가 합쳐진 낱말로 '피로된 액체'라는 뜻이에요. 혈액은 우리 몸을 돌고 돌면서 산소와 영양분을 공급하지요. 돌아서 제자리로 오는 걸 순환이라고 하는데, 서울 지하철 2호선이 끊임없이 같은 노선을 돌고 도는 것과 비슷하다고 보면 돼요. 지하철 2호선을 순환선이라고 하듯이, 우리 몸에서 피를 돌게 하는 심장, 혈관 등을 순환 기관이라고 해요.

혈액과 관계된 낱말

혈액에는 적혈구, 백혈구, 혈소판 등이 들어 있어요. 모두 '피 혈(血)'이 들어가는 낱말이지요.
적혈구는 한자어 그대로 붉은색으로 둥글고 딱딱한 물질이에요.
백혈구는 무색의 물질이에요. 적혈구와 달리 모양이 일정하지 않아요. 백혈구는 몸에 들어오는 나쁜 세균을 잡아먹어 몸을 보호하지요.
혈소판은 작고 불규칙한 판 모양의 물질이에요. 상처가 났을 때 피를 굳게 해 주는 역할을 하지요. 혈관은 혈액이 흐르는 관(管)이라는 뜻이에요. 핏줄이라고도 하지요. 혈관은 동맥, 정맥, 모세 혈관

血	液
피 혈	액체 액
피	

- **순환**(循돌 순 環고리 환)
돌아 제자리로 오는 것
- **순환 기관**(循環 機틀 기 關관계할 관)
혈액을 몸 전체로 보내거나 받는 심장, 혈관 등의 기관
- **적혈구**(赤붉을 적 血 球공 구)
혈액 속에 들어 있는 붉은색의 물질
- **백혈구**(白흰 백 血球)
혈액 속에 들어 있는 무색의 물질
- **혈소판**(血 小작을 소 板널빤지 판)
혈액 속에 들어 있는 작고 불규칙한 모양의 물질
- **혈관**(血 管대롱 관) = **핏줄**
혈액이 흐르는 관

으로 이루어져 있어요. 모세 혈관은 머리카락처럼 가는 혈관으로 동맥과 정맥 사이를 이어 주며 온몸에 그물 모양으로 퍼져 있어요. 동맥과 정맥에는 관과 줄기를 뜻하는 맥(脈) 자가 들어가요. 동맥은 심장에서 나오는 혈액을 몸 안 여러 곳으로 빠르게 내보내는 혈관이에요. 반대로 정맥은 온몸 곳곳에 흐르는 혈액을 느리게 심장으로 보내는 혈관이지요.

순환과 관련된 낱말

그럼 혈액은 어떻게 혈관을 타고 흐를까요? 여기서 심장의 역할이 아주 중요해요. 심장(心腸)은 '마음 심(心)'과 '창자 장(腸)'이 합쳐진 말이에요. 사랑하는 마음을 표시할 때 많이 쓰는 하트(♥) 모양으로 생겼어요.

심장은 네 개의 방이 있어요. 심장의 위쪽에 있는 심방, 심장의 아래쪽에 있는 방인 심실이 오른쪽 우(右)와 왼쪽 좌(左)에 두 개씩 있어요. 그래서 좌심방, 좌심실, 우심방, 우심실이지요. 심방과 심실 사이에는 판막이 있어 심장에서 혈액이 거꾸로 흐르는 것을 막아 줘요. 심장은 펌프처럼 규칙적으로 오므라졌다 부풀었다 하면서 피를 혈관으로 밀어내고 받아들여 온몸에 돌게 해요. 혈액이 도는 걸 혈액 순환이라고 해요. 그러면 심장이 피를 돌게 하기 위해 열심히 일하는 설 어떻게 알까요? 맥박으로 알 수 있어요. 오른손 손가락으로 혈관이 보이는 왼쪽 손목 끝부분을 지그시 눌러 보면 톡톡 뛰는 맥박을 느낄 수 있어요.

맥박이 정상입니다.

▶ **모세** 혈관(毛털 모 細가늘 세 血管) = 실핏줄
온몸에 그물 모양으로 퍼져 있는 머리카락처럼 가는 혈관

■ **동맥**(動움직일 동 脈줄기 맥)
심장에서 나오는 혈액을 몸 안 여러 곳으로 보내는 혈관

■ **정맥**(靜고요할 정 脈)
몸 곳곳에 흐르는 혈액을 심장으로 보내는 혈관

■ **심장**(心마음 심 腸창자 장)
혈액을 몸으로 보내고 받는 순환 기관

■ **심방**(心 房방 방)

■ **심실**(心 室방 실)

■ **좌심방**(左왼쪽 좌 心房)

■ **우심방**(右오른쪽 우 心房)

■ **좌심실**(左心室)

■ **우심실**(右心室)

▶ **판막**(瓣외씨 판 膜막 막)
심장에서 혈액이 거꾸로 흐르는 것을 막는 막

■ **혈액** 순환(血液循環)
혈액이 도는 것

▶ **맥박**(脈 搏두드릴 박)
심장에서 나오는 피가 혈관에 닿아서 생기는 움직임

신경이 쓰이는 감정의 반응

신 경

저 애가 자꾸 **신경** 쓰인단 말이야. 내 맘에 드는 것도 아닌데…

그럼 왜 그런지 네 뇌에 물어봐야겠다.

신경은 '정신 신(神)'과 '지날 경(經)'이 만나서 '정신이 지나는 길'이라는 뜻이에요. 과학에서는 몸 곳곳에서 느끼는 감각을 뇌로 전하여 반응을 일으키게 하는 것을 말해요. 누군가를 좋아하는 감정을 느껴서 반응을 일으키는 것까지 모두 신경이 하는 일이지요. 이런 신경에 관련된 낱말을 신경 써서 알아볼까요?

신경 기관과 관련된 낱말

신경계는 신경들이 이어져 있는 전체 신경 기관을 말해요. 신경계는 중추 신경계와 말초 신경계로 이루어져 있어요.

중추 신경계의 중추(中樞)는 '중심이 되는 중요한 부분'이라는 뜻이에요. 우리 몸의 자극을 조절하는 중심이 되는 곳으로, 몸의 각 부분이 제 기능을 하도록 명령을 내려요. 우리 몸에서 가장 중요하다고 하는 뇌와 척수가 여기에 속하지요.

머리뼈 안에 들어 있는 뇌는 두뇌라고도 하고, 우리말로는 '골'이라고 해요. "아, 골 아파!"라고 할 때의 골이 바로 뇌예요.

뇌의 여러 부분 중 가장 큰 대뇌(大腦)는 감각을 느끼며, 말하고 생각하고 감정을 일으키는 등 아주 중요한 역할을 해요.

神 정신 신	經 지날 경

정신이 지나는 길

과학 몸 곳곳에서 느끼는 감각을 뇌로 전하여 반응을 일으키게 하는 것

■ **신경계**(神經 系 맬 계)
신경들이 이어져 있는 전체 신경 기관

■ **중추**(中 가운데 중 樞 가장 중요한 부분 추)
중심이 되는 중요한 부분

■ **중추** 신경계(中樞神經系)
중심이 되는 중요한 신경계
과학 자극을 조절하는 중심이 되는 곳으로, 몸의 각 부분이 제 기능을 하도록 명령을 내림

■ **두뇌**(頭 머리 두 腦 뇌 뇌)
= 뇌(腦) = 골
사람이나 짐승 머리뼈 안에 들어 있는 기관

중간에 있는 중뇌(中腦)는 눈동자의 움직임을 조절하고, 가장 작은 소뇌(小腦)는 근육의 운동을 조절하고 몸의 균형을 유지할 수 있도록 해 줘요.

척수는 '등뼈 안에 들어 있는 골수'라는 뜻으로 우리말로는 등골이라고 해요. 아주 힘든 일이 있을 때 어른들이 "등골 빠지겠네."라는 표현도 쓰잖아요.

말초 신경계의 말초(末梢)는 '나뭇가지의 끝'이라는 뜻이에요. 온몸 곳곳에 퍼져 있는 신경을 말해요. 눈, 코, 입, 손, 발 등 밖으로 드러난 기관과 중추 신경계를 연결하는 역할을 해요.

조건 반사와 무조건 반사

몸은 가끔 자신의 뜻과는 관계없이 움직이기도 해요. 자극에 대하여 일정한 반응을 기계적으로 일으키는 반사도 많아요. 이것도 중추 신경계가 하는 일과 관련이 되어 있지요.

조건 반사는 조건이 있을 때 반복적으로 배워 익힌 반응이에요. 개에게 밥을 줄 때마다 방울을 울리면, 나중에는 방울만 울려도 개가 침을 흘리게 되는 현상을 말하지요. 방울이 반사를 일으키게 하는 조건이 되는 거예요.

무조건 반사는 어떤 조건이 없어도 자극에 대해 본능적으로 반응하는 것이에요. 예를 들면 눈앞에 어떤 물체가 갑자기 나타나면 무의식적으로 눈을 감거나, 졸리면 자신도 모르게 하품을 하는 것이지요. 인체의 신비는 끝이 없네요!

대뇌(大클 대 腦)
뇌의 대부분을 차지하는 가장 큰 뇌로 감각을 느끼며, 말하고 생각하고 감정을 일으킴

중뇌(中 가운데 중 腦)
중간에 있는 뇌의 부분으로 눈동자의 움직임을 조절함

소뇌(小작을 소 腦)
가장 작은 뇌의 부분으로 근육의 운동을 조절하고 몸의 균형을 유지함

척수(脊등마루 척 髓골수 수)
= 등골
등뼈 안에 들어 있는 골수

말초(末끝 말 梢나뭇가지 끝)
나뭇가지의 끝

말초 신경계(末梢神經系)
온몸 곳곳에 퍼져 있는 가느다란 신경계

반사(反돌아올 반 射쏠 사)
과학 자극에 대하여 일정한 반응을 기계적으로 일으키는 것

조건(條가지 조 件사건 건) **반사**
사람이나 짐승이 자라면서 반복적으로 배워 익힌 반응

무조건(無없을 무 條件) **반사**
외부 자극에 대한 본능적인 반응

신	경	계		중	추	신	경	계		반	사		조	건	반	사
두	뇌			척	수		말	초	신	경	계		무	조	건	반	사

씨낱말
블록 맞추기

혈 액

1 공통으로 들어갈 낱말을 쓰세요.

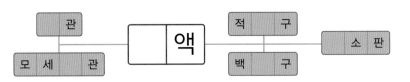

2 주어진 낱말을 넣어 문장을 완성하세요.

1)

	적	
백	혈	구
	구	

혈액 속에 들어 있는 붉은색의 물질은 ☐☐ ☐, 혈액 속에 들어 있는 무색의 물질은 ☐☐ ☐이다.

2)

	좌	
우	심	방
	방	

심장의 왼쪽 위에 있는 방은 ☐☐☐ , 심장의 오른쪽 위에 있는 방은 ☐☐☐이다.

3 문장에 어울리는 낱말을 골라 ○표 하세요.

1) 혈액 속에 들어 있는, 작고 불규칙한 판 모양의 물질은 (혈소판 / 헤모글로빈)이야.

2) 머리카락처럼 가는 혈관은 (정맥 / 모세 혈관)이지.

3) 심장에서 혈액이 거꾸로 흐르는 것을 막는 것은 (판막 / 맥박)이야.

4 예문에 어울리는 낱말을 써 넣으세요.

혈액이 돌아서 제자리로 오는 것을 순환이라고 합니다. 우리 몸에서 피를 돌게 하는 심장, 피가 흐르는 길인 혈관 등을 ☐☐☐☐이라고 합니다.

혈액
순환
순환 기관
적혈구
백혈구
혈소판
혈관
핏줄
모세 혈관
실핏줄
동맥
정맥
심장
심방
심실
좌심방
우심방
좌심실
우심실
판막
혈액 순환
맥박

씨낱말
블록 맞추기

신 경

1 공통으로 들어갈 낱말을 쓰세요.

| 중 추 | | 계 |---□□---| 말 초 | | 계 |

2 주어진 낱말을 넣어 문장을 완성하세요.

1)

		말		
		초		
중	추	신	경	계
		경		
		계		

몸의 각 부분이 제 기능을 하도록 중심이 되는
중요한 신경계는 □□ □□□,
온몸 곳곳에 퍼져 있는 가느다란 신경계는
□□ □□□이다

2)

	대
중	뇌

가장 큰 뇌의 부분으로 감각을 느끼며, 말하고 생각하게
하는 뇌는 □□, 중간에 있는 뇌의 부분으로 눈동자
의 움직임을 조절하는 뇌는 □□이다.

3)

			조	
			건	
			반	
무	조	건	반	사

조건이 있을 때 반복적으로 배워 익힌 반응은
□□ □□이고,
조건 없이도 본능적으로 일어나는 반응은
□□□ □□이다.

3 문장에 어울리는 낱말을 골라 ○표 하세요.

1) 중추 신경계에는 몸의 중요한 부분인 뇌와 (척수 / 척추)가 있어.

2) 졸리면 자신도 모르게 하품을 하는 건 조건이 없는
   (조건 반사 / 무조건 반사)야.

3) 근육의 운동을 조절하고 몸의 균형을 유지할 수 있도록 하는 건 작은 뇌
   인 (중뇌 / 소뇌)의 역할이야.

신경
신경계
중추
중추 신경계
두뇌
뇌
골
대뇌
중뇌
소뇌
척수
등골
말초
말초 신경계
반사
조건 반사
무조건 반사

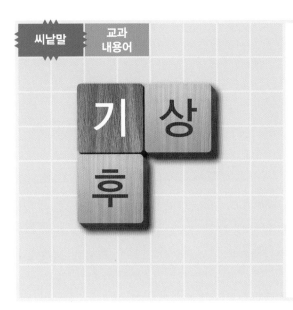

짧은 날씨 기상과 긴 날씨 기후!

오늘의 **기상** 정보를 알려드리겠습니다.

기상은 '공기 기(氣)'와 '모양 상(象)'이 합쳐진 말로 '공기의 모양'이라는 뜻이에요. 바람, 구름, 비, 눈, 더위, 추위를 아울러서 대기의 날씨를 말할 때 쓰는 말이지요. 대기의 날씨를 뜻하는 말로 기후도 있어요. 기상과 기후는 말은 비슷하지만 쓰임이 달라요. 그날 또는 짧은 기간 동안의 날씨를 말할 때는 기상(氣象)이라고 하고, 일 년 또는 오랜 기간 동안의 날씨를 말할 때는 기후(氣候)라고 하지요.

지역마다 다른 기후(氣候)

적도는 지구에서 태양과 가장 가까운 곳이에요. 태양의 뜨거운 열을 가장 많이 받아서 아주 더워요. 반대로 남극과 북극은 지구상에서 태양과 가장 먼 곳이에요. 적도와 반대로 아주 춥죠.
이렇게 기후는 태양과의 거리에 따라 달라져요.
적도에 가까운 지역은 일 년 내내 뜨거운 여름인 열대 기후, 남극이나 북극에 가까운 지역은 일 년 내내 춥고 눈이 많이 내리는 한대 기후가 나타나지요.
우리나라는 적도와 북극의 가운데쯤인 중위도 지역에 위치해요.
열대 기후 지역과 한대 기후 지역 사이에 있지요. 그래서 봄, 여름,

氣	象
공기 기	모양 상

날씨, 대기 중에 일어나는 현상, 짧은 기간 동안의 날씨

- **기후**(氣 候기후 후)
  일정한 지역에서 여러 해에 걸쳐 나타나는 기상 현상
- **적도**(赤붉을 적 道길 도)
  지구에서 태양과 가장 가까운 지역
- **열대**(熱더울 열 帶띠 대) 기후
  일 년 내내 매우 덥고 비가 많이 오는 열대 지방의 기후
- **한대**(寒찰 한 帶) 기후
  극지방 등에서 나타나는 매우 추운 기후
- **중위도**(中 가운데 중 緯위도 위 度정도 도)
  저위도와 고위도 사이의 중간 위도

가을, 겨울, 사계절이 뚜렷하게 구분되는 온대 기후가 나타나요.
온대 기후와 한대 기후 사이에는 짧은 여름과 춥고 긴 겨울을 가진
냉대 기후가 나타나고요. 러시아나 캐나다가 냉대 기후예요.
우리나라는 1월에는 춥고 건조하며 눈이 많이 내리고, 7월과 8월
에는 덥고 비가 많이 와요. 매년 비슷한 기후를 가지고 있어서 매달
기온의 평균을 내는 것을 연평균 기온이라고 해요.
그런데 최근 들어 우리나라도 점점 봄과 가을이 짧아지고, 여름과
겨울이 길어지고 있어요. 우리나라뿐만 아니라 전 세계적으로 기후
변화가 일어나고 있는데, 특히 지구의 기온이 상승하는 온난화 현
상이 심해져 이상 기후가 나타나게 되지요. 지구 온난화를 해결하
려면 에너지를 절약하고 배기가스 배출을 줄여야 해요!

매일매일 달라지는 기상(氣象)

기상청은 기상을 살피고 일기 예보를 하는 관청이에요.
태풍이나 폭설, 가뭄이나 한파 등의 갑작스러운 기상 변화가 있을
때 기상 특보를 알려 줘서 큰 피해가 없도록 도와주지요. 평소의 기
후와는 전혀 달라 예상하지 못한 다른
날씨가 나타날 때도 있어요. 4월에 눈
이 내렸다는 소식을 들어본 적이 있을
거예요. 이렇게 날씨가 평상시와 다르
게 나타나는 현상을 기상 이변이라고
하고, 이상 기상이라고도 해요.

봄에 눈이 오다니
기상 이변입니다.

온대(溫따뜻할 온 帶) 기후
사계절의 변화가 뚜렷한 온대
지방의 기후

냉대(冷차가울 냉 帶) 기후
북반구에서 온대와 한대 사이
에 나타나는 기후

연평균 기온(年해 년 平평평할
평 均고를 균 氣溫따뜻할 온)
1월부터 12월까지의 월평균
기온의 평균값

기후 변화(變변할 변 化될 화)
오랜 기간에 걸쳐 기후가 변화
하는 것

이상(異다를 이 狀형상 상) 기후
기온, 강수량이 정상 상태를 벗
어난 기후

기상청(氣象 廳관청 청)
기상을 살피고 일기 예보를 하
는 관청

기상 특보(特특별할 특 報알릴 보)
날씨에 대해 특별히 알리는 보도

기상 이변(氣象異 變변할 변)
평상시 기후의 수준을 크게 벗
어난 기상 현상

이상 기상(異狀氣象)
평상시 기후의 수준을 크게 벗
어난 기상 현상

	한				냉		이상	기	후		기		
	대				대			후			기	상	특	보
열	대	기	후	온	대	기	후	변			이		
	후				후			화			변		

관청에서 일하는 관리

에헴, 난 이 **관청**에서 제일 높은 벼슬아치! 고개를 숙여라!

네, 무엇을 도와드릴까요?

과거

현재

우리가 사는 동네에는 동사무소나 도청, 시청처럼 나랏일을 하는 관청이 있어요.

관청은 벼슬을 뜻하는 관(官)과 관청을 뜻하는 청(廳)이 합쳐진 낱 말이에요. 오늘날 우리나라 대부분의 관청은 행정부에 속해요. 행 정부는 입법·사법·행정 등 한 나라를 다스리는 기구 모두를 가리키 는 말로, 흔히 정부라고 하지요. 관청에서 일하는 사람을 관리라고 하는데, 정부의 우두머리 관리는 대통령이에요.

관청(官廳)과 관계된 낱말

오늘날에는 옛날보다 인구가 많이 늘어나서 나랏일을 보는 관청의 종류도 다양해졌어요.

병무청은 국방부에 딸린 기
관으로, 군대에 갈 병사를 모
으는 일을 하는 관청이에요.
법무부에 속하는 검찰청은 검
사들이 모여 범죄를 수사하는
관청이고요.

엄마, **병무청**에서 군대 가래. 엉엉.

사온게 너무 많아서 **관세청**에 걸리면 어쩌지?

官	廳
벼슬 관	관청 청

도청, 시청, 동사무소처럼 나랏일을 하는 곳

■ **행정부**(行갈 행 政정사 정 府 관청 부) = **정부**(政府)
정부의 일을 행하는 기관

■ **관리**(官 吏 벼슬아치 리)
관청에서 일하는 사람

■ **병무청**(兵병사 병 務일 무 廳)
병사에 관련된 일을 하는 관청

■ **검찰청**(檢검사할 검 察살필 찰 廳)
검사들이 모여 범죄를 수사하는 관청

■ **기상청**(氣기운 기 象모양 상 廳)
기상을 살피고 일기 예보를 하는 관청

■ **문화재청**(文글월 문 化될 화 財재물 재 廳)
문화재를 관리하는 관청

기상을 살피고 일기 예보를 하는 관청은 기상☐, 소중한 문화재를 관리하고 후손에게 물려주는 일을 하는 관청은 문화재☐, 수입품과 수출품을 관리하며 관세를 매기고 걷는 관청은 관세☐, 숲이나 산 같은 산림을 관리하는 관청은 산림☐, 물자를 거두어 전달하는 관청은 조달☐이에요.

각 관청에서 일하는 관리들이 제대로 꼼꼼하게 일을 해야 나라의 경제나 살림살이가 별문제 없이 잘 돌아가겠지요?

관리(官吏)와 관계된 낱말

어느 단체나 사람들을 이끌고 지휘하는 우두머리가 있어요. 나랏일을 하는 관청도 마찬가지예요. 장관은 정부 각 부서의 우두머리인 관리이고, 차관은 장관 다음 가는 관리를 말해요. 그러니까 정부 각 부의 두 번째 책임자를 말하죠.

군대를 지휘하는 우두머리도 있겠지요? 육군, 해군, 공군의 큰 부대를 지휘하는 사령부를 이끄는 으뜸 지휘관을 사령관이라고 해요. 담당하는 일에 따라 관리의 이름을 붙이기도 해요.

다른 나라와 관계 맺는 일, 즉 외교를 담당하는 관리는 외교☐, 소방서에서 불을 끄거나 불이 나지 않게 방지하는 일을 하는 관리는 소방☐, 법원에서 재판을 진행하고 결정을 내리는 관리는 법☐, 우리나라의 으뜸 법관인 대법관에서 일하는 관리는 대법☐, 경찰 일을 하는 관리는 경찰☐이지요.

여러분이 자라서 할 만한 직업 중에 나랏일을 훌륭하게 해내는 관리는 어떨지 한번 생각해 보세요.

■ **관세청**(關닫을 관 稅장수할 세 廳)
수입품과 수출품을 관리하며 관세를 매기고 걷는 관청

■ **산림청**(山외 산 林수풀 림 廳)
산이나 숲을 관리하는 관청

■ **조달청**
(調고를 조 達전달할 달 廳)
물자를 거두어 전달하는 관청

■ **장관**(長어른 장 官)
정부 각 부의 우두머리

■ **차관**(次버금 차 官)
정부 각 부의 두 번째 책임자

■ **사령관**(司관리 사 令우두머리 령 官)
육군, 해군, 공군의 큰 부대를 지휘하는 사령부 으뜸 지휘관

■ **외교관**(外밖 외 交사귈 교 官)
다른 나라와 관계 맺는 일을 하는 관리

■ **소방관**(消사라질 소 防막을 방 官)
불을 끄거나 불이 나지 않게 방지하는 일을 하는 관리

■ **법관**(法법 법 官)
법원에서 재판을 진행하고 결정을 내리는 관리

■ **대법관**(大클 대 法官)
대법관에서 일하는 법관

■ **경찰관**(警경계할 경 察살필 찰 官)
경찰 일을 하는 관리

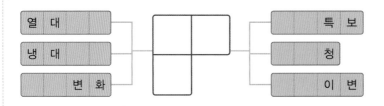
1 공통으로 들어갈 낱말을 쓰세요.

| 열 대 |
| 냉 대 |
| 변 화 |

| | |
| | |

| 특 보 |
| 청 |
| 이 변 |

2 주어진 낱말을 넣어 문장을 완성하세요.

1)
	한		
	대		
열	대	기	후
	후		

적도가 가까운 동남아시아는 □□ □□,
남극이나 북극은 □□ □□ 이다.

2)
기	상	특	보
상			
청			

미리 날씨를 예측해서 알려 주는 □□□
에서는 국민들이 태풍이나 한파, 폭설, 가뭄 등을
미리 대비할 수 있도록 □□ □□ 를
발표한다.

3)
기	후	변	화
상			
이			
변			

지구 온난화 등의 □□ □□ 가 빠르게
일어나면서 극심한 가뭄, 홍수, 폭설 등의
□□ □□ 이 전 세계적으로 늘어나고 있다.

3 문장에 어울리는 낱말을 골라 ○표 하세요.

1) 사계절이 뚜렷한 우리나라는 (온대 기후 / 냉대 기후)에 속해.
2) 갑자기 폭우가 내린다는 (이상 기후 / 기상 특보)가 전해졌어.
3) 우리나라는 적도와 북극의 가운데쯤인 (연평균 기온 / 중위도) 지역이야.
4) (기상청 / 이상 기상)에서는 오늘 소나기가 올 거라고 예보했어!

| 기상 |
| 기후 |
| 적도 |
| 열대 기후 |
| 한대 기후 |
| 중위도 |
| 온대 기후 |
| 냉대 기후 |
| 연평균 기후 |
| 기후 변화 |
| 이상 기후 |
| 기상청 |
| 기상 특보 |
| 기상 이변 |
| 이상 기상 |

① 공통으로 들어갈 낱말을 쓰세요.

```
          리               관 세
경 찰              [      ][      ]         검 찰
          장               기 상
```

② 주어진 낱말을 넣어 문장을 완성하세요.

1)
관
세

검	찰	청

수입하는 물건에 매기는 세금인 관세나 수출품을 관리하는 관청은 [　][　][　], 법무부에 속하며 검사들이 모여 범죄를 수사하는 관청은 [　][　][　]이다.

2)
소
방

외	교	관

소방서에서 불을 끄거나 불이 나지 않게 방지하는 일은 [　][　][　]이 하고, 다른 나라와 관계 맺는 일은 [　][　][　]의 역할이다.

③ 문장에 어울리는 낱말을 골라 ○표 하세요.

1) 삼촌은 군대에 가기 위해 (병무청 / 검찰청)을 방문했다.

2) 요즘 (산림청 / 기상청)에서 하는 일기 예보가 왜 이렇게 안 맞을까?

3) 나는 커서 서민들을 위해 범죄자를 잡는 (경찰관 / 대법관)이 되겠어.

④ 예문에 어울리는 낱말을 빈칸에 쓰세요. [사회]

오늘날 우리나라 대부분의 관청은 [　][　][　]에 속합니다. 관청에서 일하는 사람을 [　][　]라고 하는데, 정부의 우두머리 관리는 [　][　][　]입니다. 대통령은 우리나라에서 아주 중요한 역할을 맡고 있으며 모든 국민은 선거를 통해 올바르고 리더십이 있는 대통령을 직접 뽑을 권리가 있습니다.

관청
행정부
관리
병무청
검찰청
기상청
문화재청
관세청
산림청
조달청
장관
차관
사령관
외교관
소방관
법관
대법관
경찰관

감독하는 옛날 관청, 도독부

열심히들 하시게! 감독할 때만 하지 말고.

감독하면 대개는 영화 감독, 축구 감독 등이 떠오르지요? 예전에는 나랏일을 하는 관청에서 사람들을 살피고 단속하는 일을 감독이라고 했어요. 그런데 한 나라의 힘이 약할 때는 주변에 힘이 센 강대국이 관리를 보내 대신 감독하기도 했지요. 옛날 중국에서 신라나 백제를 감독하기 위해 설치했던 관청인 도독부가 그런 경우예요. 도독부는 도읍을 살펴보는 관청이란 뜻이에요. 이렇게 한자어의 뜻을 풀이하면 어려운 기구나 기관의 이름도 좀 더 쉽게 알 수 있어요.

한자어로 풀어보는 옛날 관청과 기관

삼국 시대 때 중국의 당나라는 신라와 힘을 합해 백제와 고구려를 정벌하고, 각 지역에 도독부를 설치하고 감독했어요.
백제의 도읍지였던 웅진에는 웅진 도독부를, 신라에도 계림대 도독부를 설치했어요. 웅진은 지금의 충청남도 공주고, 계림은 신라의 옛 이름 중 하나예요.
통일 신라의 뒤를 이은 고려에는 전민변정도감이 있었어요. 전민(田民)은 토지와 백성을 뜻하고, 변정(辨正)은 올바르게 분별한다는 것을, 도감(都監)은 도읍을 돌본다는 뜻이에요.

都 도읍 도 督 살펴볼 독 府 관청 부
다른 나라를 통치하던 중국의 관청

■ **감독**(監볼 감 督살펴볼 독)
일이나 사람이 잘못되지 않도록 살피어 단속함 / 그런 일을 하는 사람

■ **웅진 도독부**(熊곰 웅 津나루 진 都督府)
당나라가 백제의 도읍지였던 웅진에 설치한 도독부

■ **계림대 도독부**(鷄닭 계 林수풀 림 大클 대 都督府)
당나라가 신라를 감독하려고 설치한 도독부

■ **전민변정도감**(田밭 전 民백성 민 辨분별할 변 正바를 정 都監)
토지와 노비를 정리하려고 설치한 고려 시대의 관청

토지와 노비를 분별하여 정리하려고 만든 관청이지요.

중국 원나라가 세운 관청인 정동행성도 있었어요. 정동(征東)은 일본을 정벌한다는 뜻이고, 행성(行省)은 살피러 간다는 뜻이에요. 한자어만 풀이해도 원나라가 일본 정벌을 하기 위해 고려에 세운 관청이라는 것을 대략 짐작할 수 있겠지요.

조선 시대에는 학문과 관련된 기관이 많았어요. 그중 집현전은 어진 사람들이 모인 큰 집이란 뜻이고, 어진 사람들은 학자를 뜻해요. 세종 대왕이 집현전 학자들의 도움을 받아 한글을 창제한 것으로 유명하지요. 또 책을 낼 때 틀린 것이 없게 하려고 교정 일을 보기 위해 설치한 교정청도 있었어요.

한자어로 풀이 보는 근대의 관청과 기관

조선 후기에는 관리들의 부정과 부패, 권력 다툼 등으로 나라 형편이 어려워졌어요. 그러자 농민들이 1884년에 동학 농민 운동을 일으켜 전라도 지역에 지방 행정 기관인 집강소를 설치하여 질서와 행정을 바로잡으려고 했어요. 집강(執綱)은 시골의 면장이나 이장을 뜻하는 말이에요.

이후 1910년에 일본은 우리나라를 강제로 일본에 합방시키고, 조선을 다스리는 관청이라는 뜻의 조선 총독부를 세워 지배했지요.

> 농민들에게 부당한 일이 없는지 살펴봅시다.
> 우리에게 다 바치란 말이므니다!

- **정동행성**(征정벌 정 東동녘 동 行갈 행 省살필 성)
  원나라가 일본 정벌을 하기 위해 고려에 세운 관청
- **집현전**(集모일 집 賢어질 현 殿큰집 전)
  조선 시대의 학문 연구 기관
- **교정청**(校가르칠 교 正바를 정 廳관청 청)
  조선 시대 책을 편찬할 때 교정을 위하여 설치한 관청
- **집강**(執잡을 집 綱벼리 강)
  옛날의 면장과 이장을 이르는 말
- **집강소**(執綱 所관청 소)
  동학 농민군이 전라도 지역에 설치한 지방 행정 기관
- **조선 총독부**(朝아침 조 鮮고울 선 總거느릴 총 督府)
  조선을 지배하기 위하여 설치하였던 최고 행정 관청

🔔 **군국기무처**

조선을 노리는 일본과 친일파 관리들은 조선의 정치·군사에 관한 나랏일을 보는 관아인 군국기무처(軍군사 군 國나라 국 機틀 기 務일 무 處곳 처)를 설치했어요.

웅	진	도	독	부		정	동	행	성		군	국	기	무	처

전	민	변	정	도	감		집	현	전		조	선	총	독	부

갑오년에 일어난 개혁이라

갑오개혁

(말풍선) 과거 제도 없애고, 양반, 상놈 신분도 없애고, 화폐도 바꾸고….

개혁안 발표
1. 과거 제도 폐지
2. 양반, 상놈 신분 제도 폐지
3. 화폐 개혁

헐

이건 좋은데, 저건 좀 별로네.

갑오개혁은 1894년, 갑오년에 추진되었던 개혁 운동이에요. 개혁은 어떤 제도를 아주 새롭게 뜯어고치는 걸 말해요. 여기서 갑오는 오늘날처럼 양력을 사용하기 전에 '육십갑자'로 해(년)를 나타내던 때의 '연도 이름'이에요. 예전에는 중요한 역사적 사건에 이름을 붙일 때 갑오개혁처럼 '육십갑자 해 이름＋사건을 나타내는 한자어'로 나타내는 경우가 많았어요.

연도 이름을 나타내는 간지

육십갑자는 간지라고도 하는데, 십간십이지(十干十二支)를 줄여서 이르는 말이에요. 아래 표에서처럼 십간(十干)과 십이지(十二支)를 짝 맞추어 나가면 60가지의 간지가 이루어져요. 이것이 갑신년, 갑오년, 을미년 등의 해 이름이 되는 것이지요.

연도	1884	1885	1886	1887	1888	1889	1890	1891	1892	1893	1894	1895
십간	갑	을	병	정	무	기	경	신	임	계	갑	을
십이지	신	유	술	해	자	축	인	묘	진	사	오	미
사건	정변										개혁	사변

甲 첫째 천간 갑 | **午** 일곱째 지지 오 | **改** 고칠 개 | **革** 가죽 혁

갑오년에 추진되었던 개혁 운동

■ **육십갑자**(六 여섯 육 十 열 십 甲 子 아들 자)
십간과 십이지를 결합하여 만든 60가지의 간지

■ **간지**(干 방패 간 支 가를 지)
십간십이지(十干十二支)를 줄여서 이르는 말

■ **십간**(十干)
갑(甲)·을(乙)·병(丙)·정(丁)·무(戊)·기(己)·경(庚)·신(辛)·임(壬)·계(癸)

■ **십이지**(十 二 두 이 支 지탱할 지)
자(子)·축(丑)·인(寅)·묘(卯)·진(辰)·새(巳)·오(午)·미(未)·신(申)·유(酉)·술(戌)·해(亥)

근대 시기에 일어난 역사적 사건 이름

조선 후기 고종 때 미국이 군함과 수많은 군사를 동원해 강화도 앞
바다에 침입했어요. 이 사건을 신미양요라고 해요. 신미년(1871년)
에 서양이 일으킨 어지러운 난이라는 말이에요.

임오군란은 임오년(1882년)에 일어난 군인들의 난이라는 뜻이죠.
옛날식 군대의 군인들이 신식 군대보다 낮은 대접을 받는 데 불만을
품고 일으킨 난이에요.

이즈음 청나라, 일본, 러시아는 조선을 침략하려고 호시탐탐 기회를
노렸어요. 그러던 중 갑신년(1884년)에 김옥균 등의 개화파가 정치
적인 큰 변화를 꾀하는 갑신정변을 일으켰어요. 당시 조선을 점령한
청나라를 몰아내고 개혁을 이루기 위해 변을 일으킨 거예요.

일본이 보낸 자객이 경복궁에 침입해 명성 황후를 실해한 사건이 을
미사변인데, 을미년(1895년)에 일어난 큰 변고였지요.

이러한 어지러운 나라 상황 속에서 을미의병이 일어났어요. 유학을
공부하던 유생들과 농민들이 을미사변을 일으킨 일본군에 맞서 의
병을 일으킨 사건이었죠.

을사년(1905년)에는 일본이 강
제로 을사조약을 맺어 우리나라
의 외교권을 빼앗고 통치하기
시작했어요. 을사조약을 맺는
일에 적극적이었던 다섯 명의
매국노가 있었는데, 이들을 을
사오적이라고 불러요.

아, 을사년에 결국…

서명해!

■ 신미**양요**(辛여덟째 천간 신 未
여덟째 지지 미 洋서양 양 擾시끄
러울 요)
신미년에 서양이 일으킨 난

■ 임오**군란**(壬아홉째 천간 임 午
일곱째 지지 오 軍군사 군 亂어지러
울 난)
임오년에 일어난 군인들의 난

■ 갑신**정변**(甲첫째 천간 갑 申아
홉째 지지 신 政정사 정 變변할 변)
갑신년에 일어난 정치적 변동

■ 을미**사변**(乙둘째 천간 을 未여
덟째 지지 미 事일 사 變)
을미년에 일어난 큰 변고

■ 을미**의병**(乙 未 義옳을 의
兵군사 병)
을미년에 스스로 일어난 의병
활동

■ 을사**조약**(乙 巳여섯째 지지 사
條가지 조 約묶을 약)
을사년에 강제로 일본과 맺은
나라와 나라 사이의 약속

■ 을사**오적**(乙 巳 五다섯 오 賊
도둑 적)
을사조약의 체결에 적극 나선
다섯 명의 매국노

십간 신미양요 임오군란 갑신정변

십이지 을미의병 을사조약 을사오적

씨낱말
블록 맞추기

도 독 부

1 공통으로 들어갈 낱말을 쓰세요.

웅	진						계	림	대		

2 주어진 낱말을 넣어 문장을 완성하세요.

1)

		웅
		진
		도
		독
조	선	총	독	부

옛날 중국에서 백제를 감독하기 위해 설치했던 관청은 ⬜⬜⬜⬜⬜ 이고, 일본이 일제 강점기에 조선을 다스리기 위해 설치했던 관청은 ⬜⬜⬜⬜⬜ 이다.

2)

	집
	현
전	민	변	정	도	감

토지와 노비를 정리하려고 설치한 고려 시대의 관청은 ⬜⬜⬜⬜⬜⬜, 조선 시대 학자들이 모여 학문을 연구하기 위해 설치한 기관은 ⬜⬜⬜ 이다.

3 문장에 어울리는 낱말을 골라 ○표 하세요.

1) 책을 낼 때 교정 일을 보기 위해 설치한 관청은 (군국기무처 / 교정청)이다.

2) 관리들의 부정과 부패를 없애고 질서를 바로 세우려고 동학교도들이 설치한 관청은 (집강소 / 집현전)이다.

4 예문에 어울리는 낱말을 빈칸에 써 넣으세요. [한국사]

오랜 옛날부터 한 나라의 힘이 약할 때는 주변에 힘이 센 강대국이 관리를 보내 대신 나랏일을 다스리고 ⬜⬜ 하기도 했습니다. 옛날 중국에서 신라와 백제를 감독하기 위해 설치했던 ⬜⬜⬜ 가 그런 경우입니다.

도독부
감독
웅진 도독부
계림대 도독부
전민변정도감
정동행성
집현전
교정청
집강
집강소
조선 총독부
군국기무처

1 공통으로 들어갈 낱말을 쓰세요.

1) 을미년에 일어난 큰 변고 → [ ][ ] 사 변

2) 을사년에 강제로 일본과 맺은 조약 → [ ][ ] 조 약

2 주어진 낱말을 넣어 문장을 완성하세요.

1)

신미년에 미국이 강화도 앞바다에 침입한 사건은 [ ][ ][ ][ ], 을미년에 을미사변에 반발한 유생들과 농민들이 일본군에 맞서 일어난 의병 활동은 [ ][ ][ ][ ]이다.

2)

갑	오	개	혁
신			
정			
변			

갑신년에 김옥균 등의 개화파가 일으킨 정치적 변동은 [ ][ ][ ][ ], 갑오년에 개화파가 추진했던 개혁 운동은 [ ][ ][ ][ ]이다.

3 문장에 어울리는 낱말을 골라 ○표 하세요.

1) 옛날식 군대 군인들이 신식 군대보다 낮은 대접을 받는 데 불만을 품고 일으킨 난은 (임오군란 / 을미사변)이에요.

2) 1905년에 일본이 강제로 (신미양요 / 을사조약)을(를) 맺어 우리나라의 외교권을 빼앗았어요.

3) 을사조약의 체결에 적극 나선 다섯 명의 매국노를 (기미독립운동 / 을사오적)이라고 해요.

갑오개혁

육십갑자

간지

십간

십이지

신미양요

임오군란

갑신정변

을미사변

을미의병

을사조약

을사오적

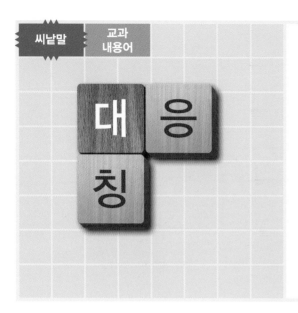

대응은 대칭이 되는 도형이 있어야 해

저울을 한자로 칭(稱)이라고 해요. 여기에 '상대 대(對)'가 만난 대칭은 서로 맞서 있는 상태의 저울을 가리켜요. 저울은 가운데를 중심으로 양쪽이 똑같아요. 이처럼 점이나 선, 면을 중심으로 마주 보는 위치에 있는 것을 대칭이라고 해요. 또한 "이번 일에 신속한 대응이 필요해."에서 쓰인 대응은 어떤 일이나 사태에 대해 맞서는 것을 뜻해요. 수학에서 쓰이는 대칭과 대응은 일상생활에서 쓰는 뜻과 비슷하지만, 조금 더 엄밀한 뜻을 가진다는 것 기억해 두세요.

대칭(對稱)과 관련된 낱말

도형을 점·선·면을 중심으로 대칭이 되도록 옮기는 일을 대칭 이동이라고 해요.

점대칭 도형은 하나의 도

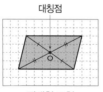

대칭점

점대칭 도형

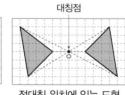

대칭점

점대칭 위치에 있는 도형

형을 한 점을 중심으로 180° 돌렸을 때 처음 도형과 완전히 겹쳐지는 도형이에요. 점대칭의 위치에 있는 도형은 한 점을 중심으로 180° 돌렸을 때 완전히 겹쳐지는 두 도형을 말하고요. 이렇게 대칭을 이룰 때 중심이 되는 점을 대칭점이라고 하지요.

對	稱
상대 대	저울 칭

도형이 한 점, 선, 면을 사이에 두고 같은 거리에 똑같은 모양으로 마주 놓여 있는 것

■ 대응(對상대 대 應응할 응)
맞서 응함
[수학] 두 도형의 점, 변, 각이 짝을 이루는 것

■ 대칭 이동(對稱 移옮길 이 動움직일 동)
도형을 점·선·면을 중심으로 대칭이 되도록 옮기는 일

■ 점대칭 도형(點점 점 對稱 圖그림 도 形모양 형)
한 점을 중심으로 180° 돌렸을 때 처음 도형과 완전히 겹쳐지는 도형

■ 점대칭의 위치에 있는 도형
한 점을 중심으로 180° 돌렸을 때 완전히 겹쳐지는 두 도형

그럼 선대칭 도형은 요? 눈치챘나요? 하나의 도형에 선을 그어서 접었을 때 완전히 겹쳐지는 도형

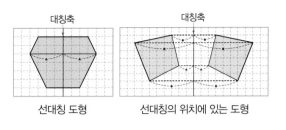

대칭축

선대칭 도형

대칭축

선대칭의 위치에 있는 도형

을 말해요. 선대칭의 위치에 있는 도형은 어떤 직선에 의해 완전히 겹쳐지는 두 도형이고요. 대칭을 이룰 때 중심이 되는 직선은 대칭축이라고 해요.

대응(對應)과 관련된 낱말

대응은 두 도형의 점과 변, 그리고 각도가 서로 짝을 이루는 것을 나타내요. 도형을 포개었을 때 겹쳐지는 꼭짓점은 대응점, 겹쳐지는 변은 대응변, 겹쳐지는 각은 대응각이지요.

수학의 대응 개념에는 일대일 대응도 있어요. 말 그대로 어떤 두 집합이 있을 때 하나의 원소에 다른 원소가 하나씩만 대응해서 남는 것이 없는 대응을 말해요.

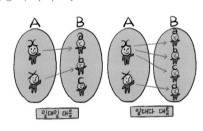

일대일 대응

일대다 대응

심부름을 하거나 여러 친구들이 짝을 지을 때 '사다리 타기'를 해 본 적이 있나요? 신기하게도 꼭 하나씩만 대응이 되잖아요. 사다리 타기가 바로 일대일 대응이에요.

반면 일대다 대응도 있어요. 일대일 대응과는 달리 하나의 원소에 여러 개의 원소가 대응되는 걸 말하지요.

■ 대칭점(對稱點)
대칭을 이룰 때 중심이 되는 점

■ 선대칭 도형(線줄 선 對稱 圖形)
도형 가운데에 선을 그어서 접었을 때 완전히 겹쳐지는 도형

■ 선대칭의 위치에 있는 도형
어떤 직선에 의해 완전히 겹쳐지는 두 도형

■ 대칭축(對稱 軸두루마리 축)
대칭을 이룰 때 중심이 되는 직선

■ 대응점(對應點)
합동이거나 닮은꼴인 도형을 포개었을 때 겹쳐지는 꼭짓점

■ 대응변(對應 邊가장자리 변)
합동이거나 닮은꼴인 도형을 포개었을 때 겹쳐지는 변

■ 대응각(對應 角뿔 각)
합동이거나 닮은꼴인 도형을 포개었을 때 겹쳐지는 각

■ 일대일(一한일 對 一) 대응
하나의 원소에 다른 원소가 하나씩만 대응해서 남는 것이 없는 대응

■ 일대다(一對 多많을다) 대응
하나의 원소에 여러 개의 원소가 대응되는 것

대칭점 선대칭 대응점 대응변

대칭이동 대칭축 대응각 점대칭도형

멀고 가까움을 표현하는 원근법

원근법

원근법에 따라서 크기를 재고 있어.

어쭈, 그림에 대해 뭐 좀 아나 보네.

그림은 인류의 역사가 시작될 때부터 있었어요. 먼 옛날 원시인들이 살던 동굴에서도 그림을 그렸던 흔적이 발견되기도 하잖아요. 그 역사가 오래된 만큼 미술 기법도 아주 다양하게 발달했어요. 원근법(遠近法)은 한자어 그대로, 멀고 가까운 것이 느껴지도록 그리는 방법이에요. 수천 년 전부터 이용되어 온 미술 기법이지요. 그럼 미술 기법에 관련된 낱말들을 살펴보도록 해요.

거리감과 공간감이 느껴지는 원근법

서양의 미술가들은 그림을 구성하는 색과 선, 두 요소를 이용해 원근법을 발전시켰어요.

선 원근법은 눈으로 볼 때 평행한 두 선이 멀리 가서 한 점에서 만나는 점을 향하도록 그리는 방법이에요. 가까운 곳은 크게, 먼 곳은 작게 그려서 공간감을 표현하지요. 막힌 물체를 꿰뚫어 본다는 의미로 투시 원근법이라고도 해요. 대기 원근법은 대기, 즉 공기에 의해 빛

원근감이 느껴져요

미델하르니스의 가로수 길

遠 멀 원 **近** 가까울 근 **法** 법 법

멀고 가까운 것이 느껴지도록 그리는 방법

■ **선** 원근법(線줄선 遠近法)
평행한 두 선이 멀리 가서 한 점에서 만나는 점을 향하도록 가까운 곳은 크게, 먼 곳은 작게 그려서 공간감을 표현하는 기법

■ **투시** 원근법(透통할투 視볼시 遠近法)
막힌 물체를 꿰뚫어 본다는 의미로 선 원근법과 비슷한 말

■ **대기** 원근법(大큰대 氣공기기 遠近法)
가까운 곳은 진하게, 먼 곳은 희미하게 그려서 공간감을 표현하는 기법

이 달라 보이는 현상에서 나온 거예요. 특히 색과 명암으로 표현하지요. 가까운 곳은 진하게, 먼 곳은 희미하게 그려서 거리감을 표현할 수 있어요. 역 원근법은 지금까지 설명한 원근법과는 반대예요. 먼 곳을 크게 그리는 방법이에요.

동양에서도 오래전부터 원근법을 사용했어요.

삼원법은 산수화에서 주로 이용하던 세 가지 원근법을 말해요. 이 중 고원법은 높은 산을 산 아래에서 위를 올려다볼 때의 높이를 표현하는 기법으로, 웅장한 자연의 모습을 그릴 때 주로 써요.

평원법은 산을 정면에서 보는 방법으로 평평한 공간의 넓이를 표현할 때 좋아요. 광활한 대자연을 그릴 때 쓰지요.

심원법은 높은 산의 정상에서 산 아래를 내려다보며 표현하는 기법으로, 아주 높은 산의 깊은 계곡 등을 그릴 때 주로 이용해요.

여러 가지 미술 표현 기법

공간, 원근감을 표현하는 기법과 더불어 미술 재료나 독특한 이미지를 이용하여 표현하는 다양한 미술 기법도 있어요.

오토마티즘은 '자동기술법'이라고도 해요. 의식이 없는 상태에서 떠오르는 이미지를 그리는 것으로, 초현실주의의 중요한 기법이지요.

콜라주는 '풀로 붙인다'는 뜻으로 사진, 인쇄물 등을 붙이고 그림을 그리거나 표현하는 기법이에요.

데칼코마니는 종이 위에 물감을 두껍게 칠하고 반으로 접거나 다른 종이를 덮어 찍어서 대칭적인 무늬를 만드는 기법이지요.

- **역** 원근법(逆거스를역 遠近法)
먼 곳을 크게 그리는 방법
- **삼원법**(三석삼 遠法)
동양의 산수화에서 주로 이용하던 세 가지 원근법
- **고원법**(高높을고 遠法)
아래에서 위로 올려다보아서 높이감을 표현하는 미술 기법
- **평원법**(平평평할평 遠法)
정면에서 보는 방법으로 평평한 공간의 넓이를 표현하는 미술 기법
- **심원법**(深깊을심 遠法)
위에서 아래를 내려다보며 표현하는 미술 기법
- **오토마티즘**
= 자동기술법
의식이 없는 상태에서 떠오르는 이미지를 그리는 기법
- **콜라주**
사진, 인쇄물 등을 붙이고 그 위에 그림을 그리는 기법
- **데칼코마니**
종이 위에 물감을 두껍게 칠하고 반으로 접거나 다른 종이를 덮어 찍어서 대칭적인 무늬를 만드는 기법

선 원 근 법   역 원 근 법   고 원 법   심 원 법

투 시 원 근 법   삼 원 법   평 원 법   콜 라 주

씨낱말 블록 맞추기

① 공통으로 들어갈 낱말을 쓰세요.

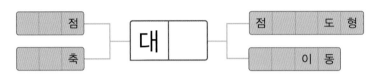

점 ─┐
축 ─┤ 대 [　] ├─ 점 [　] 도 형
     └─   이 동

② 주어진 낱말을 넣어 문장을 완성하세요.

1)
대	응	각
응		
점		

도형을 포개었을 때 겹쳐지는 꼭짓점은
[　][　][　], 겹쳐지는 각은 [　][　][　]이다.

2)
대	칭	축
칭		
점		

도형이 대칭을 이룰 때 중심이 되는 점을
[　][　][　], 대칭을 이룰 때 중심이 되는 직선은
[　][　][　]이다.

③ 문장에 어울리는 낱말을 골라 ○표 하세요.

1) 하나의 도형을 한 점을 중심으로 180° 돌렸을 때, 처음 도형과 완전히
겹쳐지는 도형은 (선대칭 도형 / 점대칭 도형)이다.

2) 어떤 두 집합이 있을 때 하나의 원소에 다른 원소가 하나씩만 대응해서
남는 것이 없을 때 (일대일 대응 / 일대다 대응)이라고 한다.

④ 예문에 어울리는 낱말을 쓰세요. [수학]

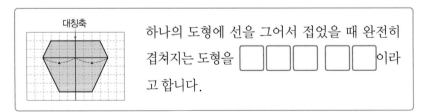

대칭축

하나의 도형에 선을 그어서 접었을 때 완전히
겹쳐지는 도형을 [　][　][　][　][　]이라
고 합니다.

대칭

대응

대칭 이동

점대칭 도형

점대칭의 위치에
있는 도형

대칭점

선대칭 도형

선대칭의 위치에
있는 도형

대칭축

대응점

대응변

대응각

일대일 대응

일대다 대응

씨낱말
블록 맞추기

원 근 법

1 공통으로 들어갈 낱말을 쓰세요.

선					대	기	
역					투	시	

2 주어진 낱말을 넣어 문장을 완성하세요.

1)

	대
	기
	원
	근
선	원	근	법

눈으로 볼 때 평행한 두 선이 멀리 가서 한 점에서 만나는 점을 향하도록 그리는 기법은 ☐ ☐ ☐ ☐ , 가까운 곳은 진하게, 먼 곳은 희미하게 그려서 공간감을 표현하는 기법은 ☐ ☐ ☐ ☐ ☐ 이다.

2)

	고
	원
심	원	법

동양화에서 높은 산을 산 아래에서 위를 올려다볼 때의 높이를 표현하는 기법은 ☐ ☐ ☐ , 높은 산의 정상에서 산 아래를 내려다보며 표현하는 기법은 ☐ ☐ ☐ 이다.

3 문장에 어울리는 낱말을 골라 ○표 하세요.

1) 광활한 대자연을 표현할 때 쓰는 원근법은 (평원법 / 심원법)이야.
2) 사진, 인쇄물 등을 붙이고 그림을 그리는 기법은 (콜라주 / 데칼코마니)야.

4 예문에 어울리는 낱말을 빈칸에 쓰세요. [미술]

☐ ☐ ☐ 은 수천 년 전부터 이용되어 온 미술 기법으로, 멀고 가까운 것이 느껴지도록 그리는 방법입니다. 서양의 미술가들은 ☐ 과 ☐ , 두 요소를 이용해 원근법을 발전시켰습니다.

원근법

선 원근법

투시 원근법

대기 원근법

역 원근법

삼원법

고원법

평원법

심원법

오토마티즘

자동기술법

콜라주

데칼코마니

어휘 퍼즐

정답 ┃ 143쪽

🔑 가로 열쇠

1) 1905년에 일본이 우리나라의 외교권을 빼앗으려고 강제로 맺은 약속
3) 영향을 받아 옮거나 물이 듦
5) 미리 막음
7) (찬) 기운을 느껴 생기는 병
9) 합동이거나 닮은꼴인 도형을 포개었을 때 겹쳐지는 변
10) 수입품과 수출품을 관리하며 관세를 매기고 걷는 관청
12) 자연현상을 관찰하여 정확하게 잼
14) 따돌림 당한다는 느낌
16) 일정한 지역에서 여러 해에 걸쳐 나타나는 기상 현상
18) 사진, 인쇄물 등을 붙이고 그 위에 그림을 그리는 기법
20) 회사에서 직원과 소비자에게 알리는 소식

🔑 세로 열쇠

2) 명령을 잘 좇아 수행하려는 마음
4) 미리 약속함
6) 심장의 왼쪽 위에 있는 방
8) 평상시 기후의 수준을 크게 벗어난 기상 현상
9) 서로 달라 대비됨
11) 실핏줄. 머리카락처럼 가는 혈관으로 온몸에 그물 모양으로 퍼져 있음
13) 동학 농민군이 전라도 지역에 설치한 지방 행정 기관
15) 다른 나라와 관계 맺는 일을 하는 관리
17) 썩지 않고 영원함
19) 병을 미리 막기 위해 맞는 주사

1 밑줄 친 '과(過)'의 뜻이 다른 것은? (　　) `국어능력인증시험형`

① 간과(看過)　　② 사과(謝過)　　③ 여과(濾過)

④ 통과(通過)　　⑤ 투과(透過)

2 밑줄 친 부분을 가장 적절한 한자어로 대체한 것은? (　　) `국어능력인증시험형`

① 모범을 보임으로써 가르쳐라. → 示威(시위)

② 여긴 따뜻한 샘이 올라오는 곳이야. → 溫風(온풍)

③ 어떤 곳을 거쳐 지나갈 예정인가요? → 經由(경유)

④ 본래 가지고 있는 성질이 악한 사람은 드물다. → 失性(실성)

⑤ 뜨거운 지역에서 주로 나는 과일들만 모아 놓았다. → 熱氣(열기)

3 밑줄 친 낱말의 뜻이 바르지 <u>않은</u> 것은? (　　) `국어능력인증시험형`

① 물 온도가 적당합니다. → 물체의 따뜻한 정도

② 삼일 후에 게시하겠습니다. → 걸어 놓고 보임

③ 식성이 까다로워 죄송합니다. → 타고난 성질과 취미

④ 이 일을 하기에 훌륭한 경력입니다. → 과거의 직업이나 지위

⑤ 더위는 이열치열로 다스리곤 합니다. → 열로써 열을 다스림

4 밑줄 친 낱말이 문장의 맥락으로 적절치 <u>않은</u> 것은? (　　) `KBS 한국어능력시험형`

① 동생은 내게 그러지 말라며 훈시하곤 했다.

② 영수는 마음을 완전히 돌려서 개과천선했다.

③ 비비는 마음이 부드럽고 착한, 온순한 고양이다.

④ 직녀와 견우는 뜨겁고도 세찬, 열렬한 사랑을 했다.

⑤ 도무지 말귀를 못 알아듣는 게 우이독경이 따로 없다.

5 괄호 안의 한자가 바르지 <u>않은</u> 것은? (   ) KBS 한국어능력시험형

① 경(經)영 ② 과(過)열 ③ 보온(溫)

④ 성(性)징 ⑤ 암시(市)

6 〈보기〉의 (가)와 (나) 빈칸에 알맞은 말을 바르게 쓴 것은? (   ) 수학능력시험형

─〈보기〉─

(가) 상(上)과 하(下)는 보통 위, 아래의 뜻으로 쓰이죠. 위쪽 부분은 상부,
아래쪽 부분은 하부라고 하잖아요. "19세 이상 관람 가"라는 말도 보았
을 거예요. 19살을 포함하여 그 위의 나이 대에 있는 사람이 볼 수 있다
는 뜻이죠. 그렇다면 13살을 포함해 그 이전 나이만 이용 가능하다는
뜻으로는 이렇게 쓸 수 있겠죠. "13세 ☐☐ 이용 가".

(나) 상과 하는 위, 아래의 뜻과 함께 좋다, 나쁘다는 뜻으로 쓰이는 경우가
있습니다. 위는 좋은 것, 아래는 나쁜 것이라는 생각이 옛사람들에게
있었나 봅니다. 그래서 가장 좋은 대책이나 방책을 ☐☐이라고 했답니
다. "위험한 길은 처음부터 피해 가는 게 ☐☐이다."라고 쓰입니다.

① (가) 이상 (나) 상책 ② (가) 이하 (나) 하책

③ (가) 최상 (나) 상책 ④ (가) 이하 (나) 상책

⑤ (가) 이상 (나) 하책

7 문맥에 맞는 낱말을 <u>잘못</u> 선택한 것은? (   ) 수학능력시험형

① 과거에는 책을 못 읽게 하는 (<u>금서</u> / 금욕) 목록이 있었다.

② 지금부터는 밖에서 잠자는 (<u>외박</u> / 내박) 금지다.

③ 과감하고 분명하게 (가정 / <u>결정</u>)해야 할 시간이다.

④ 옷은 정해진 대로만 가격을 받습니다. (원가 / <u>정가</u>)에 팔아요.

⑤ 어떤 행동을 하게 만드는 마음속 (구상 / <u>동기</u>)(을)를 살펴보아라.

8 〈보기〉의 밑줄 친 (가) ~ (다)에 들어갈 낱말로 모두 옳은 것은? (   )   국어능력인증시험형

┌─〈보기〉─────────────────────────────
일이 맺어지는 끝을 (가)(   )이라고 하죠. 완전하게 끝을 맺었다면 (나)
(□□), 어떤 결말에 이르렀다면 (다)(○○)이에요. □□과 ○○은 '하다',
'되다'를 붙여 '□□하다, □□되다, ○○하다, ○○되다'라는 말로 많이 쓰
이지요.
└──────────────────────────────────

① (가) 귀결   (나) 완결   (다) 결말

② (가) 결말   (나) 완결   (다) 귀결

③ (가) 귀결   (나) 결말   (다) 완결

④ (가) 결말   (나) 귀결   (다) 완결

⑤ (가) 완결   (나) 귀결   (다) 결말

9 한자와 그 뜻이 바르지 <u>않게</u> 짝 지어진 것은? (   )   한자능력시험형

① 內 – 밖   ② 上 – 위   ③ 結 – 맺다

④ 離 – 떠나다   ⑤ 因 – 말미암다

10 〈보기〉 문장 중 밑줄 친 낱말을 한자로 고친 것이 <u>틀린</u> 것은? (   )   한자능력시험형

┌─〈보기〉─────────────────────────────
어떤 일의 원인이 되는 이유에 관한 낱말을 살펴보기로 해요. 어떤 것에 원
인을 두다는 뜻의 (가)기인하다가 있지요. 원인이 되는 하나하나는 (나)인자
라고 해요. (다)인습은 이전부터 내려오는 낡은 습관, (라)인연은 사람들 사
이에 맺어지는 관계예요. (마)인과응보는 원인과 결과가 서로 물고 물린다
는 뜻으로, 좋은 일에는 좋은 결과가 나쁜 일에는 나쁜 결과가 따름을 이르
는 말이에요.
└──────────────────────────────────

① (가) 基因   ② (나) 因子   ③ (다) 因習

④ (라) 因緣   ⑤ (마) 因果應報

⑪ 밑줄 친 부분을 적절한 낱말로 대체하지 <u>않은</u> 것은? (   )

① 잘 <u>느끼지 못하는</u> 병을 얻었어. → 직감

② <u>만족스럽지 않은</u> 서비스에 분통이 터져. → 불만족

③ 설날 기차표를 인터넷으로 <u>미리 사 두었어.</u> → 예매

④ 하루에 10분이라도 <u>서로 마주하고 이야기</u> 나누자. → 대화

⑤ 남의 호의나 은혜를 <u>갚는 건</u> 인륜에 속하는 문제야. → 보답

⑫ 밑줄 친 낱말의 뜻이 바르지 <u>않은</u> 것은? (   )

① <u>가급적</u> 빨리 와 주세요. → 형편이 미치는 한

② 그런 행위는 <u>부도덕적</u>입니다. → 도덕적이지 않음

③ 죽어서도 <u>보은</u>을 잊지 않겠습니다. → 은혜를 갚음

④ 부드러운 <u>촉감</u>이 어머니를 떠올리게 한다. → 느낌을 주고받음

⑤ 수업 전후 <u>예습</u>과 복습을 균형 있게 하세요. → 미리 익힘

⑬ 〈보기〉의 빈칸에 알맞은 낱말을 바르게 짝 지은 것은? (   )

┌〈보기〉──────────────────────
서양에서는 색과 선을 이용해 원근법을 발전시켜 왔어요. (가)(   )은 눈으로 볼 때 평행한 두 선(線)이 멀리 가서 한 점에서 만나는 점을 향하도록 그리는 방법이에요. 가까운 곳은 크게, 먼 곳은 작게 그려서 공간감을 표현해요. (나)(   )은 대기, 즉 공기에 의해 빛이 달라 보이는 현상에서 나온 거예요. 특히 색과 명암으로 표현을 해요. 가까운 곳은 진하게, 먼 곳은 희미하게 그려서 거리감을 표현해요.
└────────────────────────

① (가) 공 원근법 (나) 대기 원근법   ② (가) 선 원근법 (나) 대기 원근법

③ (가) 공 원근법 (나) 공기 원근법   ④ (가) 선 원근법 (나) 공기 원근법

⑤ (가) 공 원근법 (나) 명암 원근법

⑭ 밑줄 친 낱말이 문장의 맥락으로 적절하지 않은 것은? (　　)

① 지레짐작 예단하지 말라고.

② 매주 일요일마다 교회에선 주보를 발행하지.

③ 사람의 힘으로는 막을 수 없는 불가항력이었어.

④ 회의에서 가결되었다 함은 반대로 결정되었다는 뜻이야.

⑤ 감각이란 외부의 자극을 몸이 느껴서 알아차린다는 뜻이야.

⑮ 문맥에 맞는 낱말을 잘못 선택한 것은? (　　)

① 심장 아래쪽엔 좌, 우 각 하나씩 (심방 / 심실)이 있다.

② 1894년 추진되었던 개혁 운동을 (갑오개혁 / 신미양요)(이)라 불러요.

③ (기상청 / 조달청)에선 물자를 거두어 전달하는 일을 합니다.

④ 세종 대왕은 (교정청 / 집현전) 학자들의 도움을 받아 한글을 창제했습니다.

⑤ 자극에 대해 기계적으로 일으키는 반응을 (반대 / 반사)라 해요.

⑯ 〈보기〉의 밑줄 친 (가) ~ (나)에 들어갈 낱말로 옳은 것은? (　　)

─〈보기〉─

(가)(　　)은 서로 맞서 있는 상태의 저울을 가리켜요. 저울은 가운데를 중심으로 양쪽이 똑같아요. 수학에서는 점이나 선, 면을 중심으로 마주 보는 위치에 있는 것을 말합니다. 또한 "이번 일에 신속한 ○○이 필요해."처럼 (나)(　　)은 어떤 일이나 사태에 대해 맞서는 것을 말해요. 수학에서는 두 도형의 점과 변 그리고 각도가 서로 짝을 이루거나 두 집합이 있을 때에 어떤 주어진 관계에 의하여서 두 집합의 원소끼리 짝이 되는 일을 말해요.

① (가) 대칭　(나) 대응　　　② (가) 대응　(나) 다대일 대칭

③ (가) 대칭　(나) 일대일 대응　　④ (가) 대응　(나) 대칭

⑤ (가) 대칭　(나) 대등

톡톡 문해력 감상문 **다음 감상문을 읽고, 문제를 풀어 보세요**

〈아테네 학당〉은 르네상스 시대의 화가인 라파엘로의 작품으로, 고대 그리스의 철학자 54명이 한자리에 모여 토론하는 모습을 그린 것이다. 그림의 가운데에 위대한 철학자인 플라톤과 아리스토텔레스가 서 있다. 손이 하늘을 가리키는 사람이 플라톤이고, 땅을 가리키고 있는 사람이 아리스토텔레스다. 다른 철학자들은 생각에 잠겨 있거나 삼삼오오 모여서 토론을 하고 있다. 이 그림 속 건축물은 실제처럼 보인다. 원근법을 이용해 천장과 기둥을 뒤로 갈수록 점점 작아지고 멀어지는 것처럼 보이게 그렸기 때문이다.

나는 이 그림을 보고 고대 그리스의 학자들이 진짜로 내 앞에서 이야기를 나누고 있는 것처럼 느껴졌다. 그 사람들은 무슨 이야기를 하고 있을까?

1 글쓴이가 감상한 그림은 누가 그린 어떤 작품인가요?

----

2 〈아테네 학당〉은 어떤 장면을 그린 것인가요?

----

3 플라톤과 아리스토텔레스를 구별하는 방법은 무엇인가요?

----

4 이 그림 속 건축물이 실제처럼 보이는 까닭은?

톡톡 문해력 논설문 다음 논설문을 읽고, 문제를 풀어 보세요.

오늘날 지구는 기후 변화와 환경 오염 때문에 큰 어려움을 겪고 있습니다. 우리는 지구 환경을 보존해야 합니다.

첫째, 석탄이나 석유 같은 화석 에너지를 아껴 써야 합니다. 화석 에너지는 온실가스를 배출하여 지구 온난화를 점점 심각하게 만들고 있습니다. 화석 에너지 대신 태양열, 바람, 지열 같은 신재생 에너지를 써야 합니다.

둘째, 산림을 보호해야 합니다. 산림은 수많은 생명체의 서식지입니다. 산림을 파괴하면 생태계가 파괴되고 수많은 생명체가 사라질 것입니다.

셋째, 바다에 쓰레기를 버리지 말아야 합니다. 바다에 버려진 쓰레기를 해양 동물들이 쓰레기를 먹기도 하고, 어망에 걸려 목숨을 잃기도 합니다.

지구 환경을 보호하는 일은 이제 더 이상 미룰 수 없는 일입니다. 이를 위해 우리가 할 수 있는 작은 일부터 실천해야 합니다. 물건을 아껴 <u>쓰고</u>, 쓰레기를 버리지 말아아 합니다. 가까운 거리는 걸어다니거나 자전거를 탑시다. 또 일회용품을 가능한 한 쓰지 맙시다. 이런 작은 실천들이 모여서 지구의 환경을 보호할 수 있습니다.

① 글쓴이가 주장하는 내용은 무엇인가요?

----

② 지구 환경을 보호하기 위해서 우리가 할 수 있는 일이 <u>아닌</u> 것은? (　　　)

① 일회용품을 가능한 한 쓰지 않는다.

② 석탄과 석유 같은 화석 에너지를 많이 써야 한다.

③ 산림을 보호해야 한다.

④ 바다에 쓰레기를 버리지 말아야 한다.

③ 지구를 보호하기 위해서 여러분이 실천할 수 있는 일을 쓰세요.

정 답

1장 씨글자

性 성질 성 |10~11쪽
1. 性
2. 1) 성질 2) 특성 3) 성급 4) 성징 5) 다양성
3. 1) 성품 2) 성급 3) 동성 4) 유행성 5) 유연성
4. 1) 안전성 2) 유연성 3) 생산성 4) 자주성 5) 유행성
5. 1) 습성 2) 식성 3) 개성
6. 1) 성깔 2) 적성 3) 본성 4) 실성

示 보일 시 |16~17쪽
1. 示
2. 1) 시범 2) 과시 3) 자기 암시 4) 시사 5) 교시
3. 1) 시범 2) 시위, 시위 3) 전시 4) 과시 5) 계시
4. 1) 지시 2) 게시판 3) 제시 4) 표시 5) 명시
5. ③
6. ①, ②, ⑥

經 지날 경 |22~23쪽
1. 經
2. 1) 경로 2) 경력 3) 경영 4) 경세제민 5) 성경
3. 1) 경로 2) 경과 3) 경험 4) 경유 5) 대장경
4. 1) 경위 2) 경력 3) 우이독경 4) 경과 5) 경륜
5. 1) 경륜 2) 경비 3) 경위 4) 경선
6. 1) 경력 2) 신경 3) 경영

過 지날 과 |28~29쪽
1. 過
2. 1) 과도기 2) 여과 3) 과찬 4) 과실 5) 경과
3. 1) 과보호 2) 과소비 3) 과대평가 4) 과식 5) 통과
4. 1) 개과천선 2) 과도기 3) 과열 4) 초과
5. ①
6. 1) 통과 2) 여과 3) 투과 4) 초과

熱 뜨거울 열 |34~35쪽
1. 熱
2. 1) 열대어 2) 열기 3) 열에너지 4) 마찰열 5) 열렬
3. 1) 열망 2) 열성 3) 열애 4) 열중 5) 아열대
4. 1) 열대 2) 열대야 3) 고열 4) 열성 5) 열광
5. ④
6. ④

溫 따뜻할 온 |40~41쪽
1. 溫
2. 1) 온탕 2) 온도계 3) 온풍 4) 보온 5) 온순
3. 1) 온천 2) 온실 3) 온수 4) 체온 5) 온화
4. 1) 상온 2) 온기 3) 온돌 4) 온도차
5. 1) 온화 2) 온도 3) 온기 4) 기온
6. 1) 기온 2) 온풍 3) 보온 4) 온순

씨낱말

설정 |46쪽
1. 설정
2. 1) 건설, 설계 2) 가정, 잠정 3) 감정, 책정 4) 신설, 증설
3. 1) 감정사 2) 설치 3) 신설 4) 설립 5) 건설적

기구 |47쪽
1. 기구
2. 1) 기구, 동기 2) 허구, 구상 3) 계기, 기회 4) 기관, 기기
3. 1) 기능 2) 허구 3) 기관 4) 기구 5) 구조적

금지 |52쪽
1. 금지
2. 1) 금주, 금연 2) 정지, 해지 3) 방지, 폐지 4) 억지, 제지
3. 1) 금서 2) 금식 3) 방지 4) 감금 5) 제지

내외 |53쪽
1. 내외
2. 1) 내부, 외부 2) 외상, 내상 3) 과외, 제외 4) 외면, 내면 5) 내야, 외야
3. 1) 외야 2) 이내 3) 과외 4) 제외

원인 |58쪽
1. 원인
2. 1) 인연, 요인 2) 기원, 원동력 3) 원리, 원칙 4) 인습, 인과응보
3. 1) 원인 2) 기원 3) 패인 4) 인자

결과 |59쪽
1. 결과
2. 1) 결말, 완결 2) 효과, 성과 3) 직결, 결속 4) 결과, 인과 관계
3. 1) 연결 2) 결과적 3) 효과 4) 체결

법칙 |64쪽
1. 법칙
2. 1) 규칙, 반칙 2) 독서법, 계산법 3) 헌법, 법률 4) 학칙, 교칙
3. 1) 기법 2) 반칙, 규칙 3) 요리법 4) 학칙

평가 |65쪽
1. 평가
2. 1) 평론가, 악평 2) 물가, 정가 3) 대가, 가치관 4) 비평, 만평
3. 1) 원가, 정가 2) 평판 3) 호평 4) 가치관

상하 |70쪽
1. 상하
2. 1) 이상, 인상 2) 영상, 지상 3) 이하, 하권
3. 1) 상부 2) 인상 3) 상책
4. ①

이별 |71쪽
1. 이별
2. 1) 이산, 이혼 2) 이탈, 이유식 3) 별미, 구별
3. 1) 이농 2) 별장 3) 이륙 4) 별세 5) 이별
4. ⑤

어휘 퍼즐 |72쪽

對 마주할 대 | 78~79쪽

1. 對
2. 1) 대화 2) 대등 3) 대결 4) 상대적 5) 대인 관계
3. 1) 대답 2) 대물 3) 대화 4) 대각선
4. 1) 대미 2) 대조 3) 대응 4) 대조
5. ①
6. ③

感 느낄 감 | 84~85쪽

1. 感
2. 1) 예감 2) 직감 3) 원근감 4) 감흥 5) 감염
3. 1) 민감 2) 감명 3) 호감 4) 감전 5) 감촉 또는 촉감
4. 1) 소감 2) 직감 3) 감염
5. 1) 소외감 2) 감명 3) 감각 4) 감사
6. ②

豫 미리 예 | 90~91쪽

1. 豫
2. 1) 예매권 2) 예열 3) 예심 4) 예방 5) 예측불허
3. 1) 예선 2) 예습 3) 예매 4) 예상 5) 예비군
4. 1) 예열 2) 예고 3) 예방 4) 예정 5) 예심
5. ①
6. ④

報 갚을 보 | 96~97쪽

1. 報
2. 1) 낭보 2) 오보 3) 속보 4) 관보 5) 주보
3. 1) 보답 2) 보고 3) 보도 4) 벽보 5) 보은
4. 1) 보복 2) 보답 3) 인과응보 4) 오보 5) 주보
5. ①
6. 특보

不 아니 불 | 102~103쪽

1. 不
2. 1) 불로장생 2) 불균형 3) 불가항력 4) 불효자 5) 부도덕
3. 1) 불가능 2) 부주의 3) 불균형 4) 불후 5) 불공평
4. 1) 부자연 2) 부작용 3) 부도덕 4) 불간섭 5) 불규칙
5. ①
6. ③

可 할 수 있을 가 | 108~109쪽

1. 可
2. 1) 가공 2) 가관 3) 가련 4) 가중 5) 가시거리
3. 1) 가능 2) 가망 3) 가급적 4) 가관 5) 가련
4. 1) 인가 2) 허가 3) 가연성
5. 1) 불가 2) 불가항력 3) 가련 4) 가부
6. ①

씨낱말

혈액 | 114쪽

1. 혈
2. 1) 적혈구, 백혈구 2) 좌심방, 우심방
3. 1) 혈소판 2) 모세 혈관 3) 판막
4. 순환 기관

신경 | 115쪽

1. 신경
2. 1) 중추 신경계, 말초 신경계 2) 대뇌, 중뇌
   3) 조건 반사, 무조건 반사
3. 1) 척수 2) 무조건 반사 3) 소뇌

기상, 기후 | 120쪽

1. 기상, 기후
2. 1) 열대 기후, 한대 기후 2) 기상청, 기상 특보
   3) 기후 변화, 기상 이변
3. 1) 온대 기후 2) 기상 특보 3) 중위도 4) 기상청

관청, 관리 | 121쪽

1. 관청
2. 1) 관세청, 검찰청 2) 소방관, 외교관
3. 1) 병무청 2) 기상청 3) 경찰관
4. 행정부, 관리, 대통령

도독부 | 126쪽

1. 도독부
2. 1) 웅진 도독부, 조선 총독부 2) 전민변정도감, 집현전
3. 1) 교정청 2) 집강소
4. 감독, 도독부

갑오개혁 | 127쪽

1. 1) 을미 2) 을사
2. 1) 신미양요, 을미의병 2) 갑신정변, 갑오개혁
3. 1) 임오군란 2) 을사조약 3) 을사오적

대칭, 대응 | 132쪽

1. 대칭
2. 1) 내층심, 내층식 2) 내칭뿔, 대칭축
3. 1) 점대칭 도형 2) 일대일 대응
4. 선대칭 도형

원근법 | 133쪽

1. 원근법
2. 1) 선 원근법, 대기 원근법 2) 고원법, 심원법
3. 1) 평원법 2) 콜라주
4. 원근법, 색, 선

어휘 퍼즐 | 134쪽

종합문제 | 135~139쪽

1. ② 2. ③ 3. ③ 4. ① 5. ⑤ 6. ④ 7. ④ 8. ② 9. ① 10. ①
11. ① 12. ④ 13. ② 14. ④ 15. ① 16. ①

문해력 문제 | 140~141쪽

1. 라파엘로가 그린 〈아테네 학당〉
2. 고대 그리스의 유명한 철학자 54명이 한자리에 모여 토론하는 모습
3. 손이 어디를 가리키고 있는지 살펴본다.
4. 원근법을 이용해 천장과 기둥을 뒤로 갈수록 점점 작아지고 멀어지는 것처럼 보이게 그렸기 때문에

1. 지구 환경을 보호하자
2. ②
3. 예 나는 음식물을 남기지 않겠습니다. 물건을 오랫동안 쓰겠습니다.

집필위원

정춘수 권민희 송선경 이정희 신상희 황신영 황인찬 안바라
손지숙 김의경 황시원 송지혜 한고은 김민영
강유진 김보경 김보배 김윤철 김은선 김은행 김태연 김효정
박 경 박선경 박유상 박혜진 신상원 유리나 유정은 윤선희
이경란 이경수 이소영 이수미 이여신 이원진 이현정 이효진
정지윤 정진석 조고은 조희숙 최소영 최예정 최인수 한수정
홍유성 황윤정 황정안 황혜영

문해력 잡는 초등 어휘력 C-5 단계

글 이정희 안바라 손지숙 김의경
그림 쌈팍 서춘경
기획 개발 정춘수

1판 1쇄 인쇄 2025년 1월 16일
1판 1쇄 발행 2025년 1월 31일

펴낸이 김영곤 **펴낸곳** ㈜북이십일 아울북
프로젝트2팀 김은영 권정화 김지수 이은영 우경진 오지애 최윤아
아동마케팅팀 명인수 손용우 양슬기 이주은 최유성
영업팀 변유경 한충희 장철용 강경남 김도연 황성진
표지디자인 박지영 임민지

출판등록 2000년 5월 6일 제406-2003-061호
주소 (우 10881) 경기도 파주시 문발동 회동길 201
연락처 031-955-2100(대표) 031-955-2122(팩스)
홈페이지 www.book21.com

ⓒ (주)북이십일 아울북, 2025

ISBN 979-11-7357-055-1
ISBN 979-11-7357-036-0 (세트)

• 제조자명 : (주)북이십일	• 제조연월 : 2025. 01. 31.
• 주소 : 경기도 파주시 회동길 201(문발동)	• 제조국명 : 대한민국
• 전화번호 : 031-955-2100	• 사용연령 : 3세 이상 어린이 제품